부에노스아이레스

남미의 파리

차례
Contents

나의 사랑하는 부에노스아이레스

거대한 도시

희곡 「피의 결혼」 「베르나르다 알바의 집」 「예르마」를 쓴 페데리꼬 가르시아 로르까(Federico García Lorca)는 스페인 내전 당시 프랑코 정권에 저항을 하다가 총살당한 천재 작가이다. 마드리드의 일간지 「엘 빠이스 *El País*」는 가르시아 로르까가 죽은 지 56년 후인 지난 1992년 그의 육필 편지 한 통을 게재했었다.

아르헨티나의 여배우 롤라 멤버리베스의 초청으로 가르시아 로르까가 '꼰떼 그란데'호를 타고 부에노스아이레스에 도착한 것은 1933년 10월의 어느 날이었다. 그 이듬해 4월까지 그곳에 머물면서 그의 부모님에게 보낸 편지 중 한 통이었다.

부에노스아이레스에서 저는 엄청난 환대를 받고 있습니다.……중략……이 거대한 도시에서 나는 마치 유명한 투우사와 같은 명성을 누리고 있습니다. 이들 미주 대륙의 사람들은 무엇보다도 시인을 사랑하는 것 같아요. 이들이 오늘 저의 강연을 얼마나 경청했는지 아마 상상도 가지 않을 것입니다. 오는 24일 아베니다 극장에서 「피의 결혼」을 공연하게 되는데, 벌써 3일 치가 매진되었습니다.

스페인의 시인 가르시아 로르까는 처음 본 부에노스아이레스를 거대한 도시라고 했다. 그리고, 연극 「피의 결혼」이 개막하는 날 가르시아 로르까는 또 이렇게 연설을 했다.

이렇게 거대한 도시가 저를 손에 담아 줄줄 꿈에도 몰랐습니다. 왜냐하면 이렇게 두렵게도 열광적으로 신뢰하는 흰 비둘기를 받을 가치가 제겐 없다고 생각했기 때문입니다. 박수와 찬사보다도 이 시인은 아베니다 데 마요 가의 빛나는 공기를 전해주는 옛 친구의 미소에 감사를 드리는 바입니다.

한편, 아르헨티나 사람들은 부에노스아이레스에 대해 이렇게 노래한다.

나의 사랑하는 부에노스아이레스,
내가 너를 다시 만날 땐 고통도 망각도 없을 것이다.

내가 태어난 거리의 가로등은
내 사랑의 약속들을 지키는 파수꾼이었다.
그 조용한 불빛 아래 태양처럼 빛나던,
나의 귀여운 아기, 너를 내가 처음 보았지.
오늘, 나의 운은
내가 유일하게 사랑하는 항구도시,
너를 다시 보고,
반도네온의 푸념 같은 음악을 듣고,
가슴 가운데 심장이 팔딱거릴 운이었던 모양이다.

내가 사랑하는 땅, 부에노스아이레스.
그곳에서 내 생명이 다할 땅.
너의 비호 아랜 후회가 없다.
세월이 물 같이 흐르고
고통은 잊혀질 것이다.
기억들은 감동의 달콤한 빛 꼬리가 되어
카라반처럼 지나간다.
내가 너를 생각할 땐
가슴 아픈 기억들이 없어짐을 알아주면 좋겠다.

변두리 우리 동네의 창문에서
함박웃음 머금은 한 소녀,

다시 한 번 그녀의 사랑스런 눈길을 보고 싶다.

아주 나쁜 상처에 대해 부른 노래가 용기에 열정을 요구

하고 있다.

하나의 약속과 한 번의 한숨은 그 노래의 괴로운 눈물을

지웠다.

사랑하는 나의 부에노스아이레스

내가 너를 다시 볼 때는

고통도 망각도 없을 것이다.

알프레도 레 베라가 작사를 하고, 아르헨티나 땅고(Tango,
'탱고'의 스페인어 발음)의 황제인 까를로스 가르델이 작곡한 땅
고「나의 사랑하는 부에노스아이레스 *Mi Buenos Aires querido*」
의 노랫말이다.

이 거대한 도시는 언제 가봐도 변하지 않는다. 아르헨티나
에 거주하다 귀국하여 몇 년 살다가 다시 부에노스아이레스로
가도 모퉁이에 있던 내의 파는 집이 그대로 있는 도시가 부에
노스아이레스이다. 유학생으로 살 때나 상사원, 혹은 외교관
으로 신분을 달리 하면서 살아봐도 부에노스아이레스의 삶은
크게 변하지 않는다. 월세 원룸이 있는 오뗄 파밀리아르(Hotel
Familiar)에 사는 하급 노동자나, 비교적 여유로운 생활을 영위
하는 중산층, 빨레르모 공원이나 벨그라노 지역에 사는 최상
류층이나 부에노스아이레스 사람이라면 모두 스테이크 한 조

각에 그린 샐러드 한 접시, 매쉬드 포테이토 그리고 바게트 한 쪽을 한 끼의 식사로 먹는다. 그곳에는 우리처럼 '한우'라는 것이 없고 모든 스테이크가 다 좋은 고기를 사용한다. 다만 다른 것이 있다면 포도주가 양철 뚜껑의 막 포도주냐 코르크 마개의 고급 포도주냐의 차이일 것이다.

가르시아 로르까는 "부에노스아이레스는 생기가 있고, 특별한 것을 가지고 있다. 뭔가 가슴 뛰는 극적인 것으로 채워져 있고, 다양한 인종들이 살면서도 여행객을 붙잡는 근원적이고, 혼돈할 수 없는 그 어떤 것을 가지고 있다. 그것이 나를 환상에 빠지게 한다. 부에노스아이레스의 삶에는 빛깔이 있다"라고 했다. 부에노스아이레스에 오래 살면 누구나 가르시아 로르까처럼 그 도시의 생기와 혼돈할 수 없는 어떤 근원적인 것을 느끼면서 살게 된다.

부에노스아이레스는 포용적인 도시이다. 말 한 마디 못 하는 사람들까지 다 포용한다. 수많은 이민자들이 말 한 마디 배우지 못한 채 아르헨티나에 왔지만 세월과 더불어 집을 짓고 풍족한 가정을 이루게 한, 어머니의 품 같은 여유와 따뜻함이 있는 도시이다.

남미의 파리 부에노스아이레스

1997년 우리나라에 IMF 사태가 오고 많은 실업과 가정의 해체가 있었다. 아르헨티나도 과거부터 여러 번 IMF 사태가 있었고, 현재도 그런 상태에 있다. 그런 나라를 소개할 가치가 있는 것일까? 하는 의문을 가진 사람도 있을 수 있다. 그러나 아르헨티나는 세계에서 가장 살기 좋은 나라이고, 부에노스아이레스는 가장 살고 싶은 도시가 아닌가 싶다.

아르헨티나의 국민소득이나 경제 자료를 살펴보면 우리나라 정도의 수준이다. 년도에 따라서 혹은 환율에 따라서 우리보다 못한 수치를 보이기도 하지만 여러 측면에서 우리보다 선진적인 면을 보이는 나라이다. 과거 세계 5대 부국 중에 하나가 아니었던가? 우리나라 사람들이 달구지를 타고 다니던 1914년부터 부에노스아이레스에는 이미 지하철이 다니고 있었다.

국가 경제가 아주 좋은 것은 아니지만 모든 국공립학교는 대학까지 무료교육이 이루어지고 국공립병원에서는 무료치료가 시행되고 있다. 시설은 질적으로 열악할 수도 있다. 그러나 병원에선 최소한 한두 시간 기다린 환자들에게 채 1분도 되지 않는 진료를 하는 그런 '상업적'인 모습을 보이지는 않는다. 환자가 편안한 마음으로 자신의 모든 것을 얘기하고, 이를 통해 의사가 환자의 상태를 진단할 수 있는 여유로움이 있는 의료행위가 이루어진다. 아무 때나 주사를 놓아주지도 않는다. 아이가 열이 펄펄 끓는다고 무조건 해열제를 처방하기 보다는 미지근한 물에 아이를 앉혀놓고 몸의 열을 식혀보라는 처방을 내린다. 그만큼 '인간'에 대해 생각하는 사람들이다. 학교에서 무료 급식이 주어지기 시작한 것은 벌써 수십 년 전의 일이다.

문제는 아르헨티나의 어느 면을 보느냐에 따라서 살고 싶고, 더 가고 싶은 나라가 되는 것이다. 도시로서 부에노스아이레스는 넓고, 깨끗하고, 포용적이다. 발레의 신이라고 불린 바슬라브 니진스키의 부인인 발레리나 로몰로 풀스키가 "파리와 마드리드와 브뤼셀을 합쳐놓은 것 같은 도시"라고 표현한 거대한 도시 부에노스아이레스는 못사는 남미의 허름한 도시가 아니라 유럽의 정돈된 도시 같은 인상을 주는 곳이다.

보통 부에노스아이레스를 찾는 관광객들은 7월 9일 가에 있는 오벨리스끄를 보고, 아르헨티나식 식당에 가서 빠릴야다(소의 내장과 소시지, 고기구이 모듬)를 먹고, 대통령 궁이 있는 오월의 광장에서 사진을 찍는다. 밤에는 비에호 알마쎈(Viejo Almacen)과 같은 땅고 쇼를 하는 곳에 가서 음울하고, 섹시한 땅고를 볼 것이다. 그리고 취미가 약간 고상한 사람이라면 산뗄모(San Telmo) 지역에 있는 골동품상을 구경하러 가지 않을까 싶다.

그러나 아르헨티나, 부에노스아이레스의 깊은 맛을 느끼려면 길거리에 서 있는 로댕이나 부르델이 만든 작품을 찾아보고, 최소한 5억 원 가량을 주어야 20㎡ 정도의 내 한 몸 묻힐 수 있는 묘 자리를 얻을 수 있는 레꼴레따(recoleta) 묘지도 봐야 할 것이다.

역사 속에서 부에노스아이레스는 두 가지 이름을 가졌었다. 처음으로 이 도시를 건설했던 스페인의 정복자 뻬드로 데 멘도사(Don Pedro de Mendoza)는 "공기 좋은, 성모 마리아 항구

(Puerto de Santa Maria del Buen Aire)"라고 불렀고, 1580년 역시 정복자이자 부에노스아이레스 시를 두 번째로 건설한 환데 가라이(Juna de Garay)는 "삼위일체의 도시, 공기 좋은 성모 마리아 항구"라고 명명했었다. 그런가 하면 은의 생산과는 별 관련이 없는 이 도시는 아이러니컬하게도 '은의 여왕(La Reina del Plata)'이라는 별칭을 가지고 있다.

남위 34도 36부 경도 58도 12부 서쪽에 위치한 이 땅에 살면서 스페인어를 사용하는 사람들을 보나에렌세(부에노스아이레스 사람)라고도 부르지만 아르헨티나 사람들은 스스로를 '뽀르떼뇨(Porteño)'라고 부른다. 항구사람이라는 뜻이다. 항구사람으로 불릴 만큼 독특한 항구문화가 있기 때문이다.

세계 여러 나라에서 모인 인종들 때문인가. 이 항구에는 룬파르도(Lunfardo)라는 독특한 방언이 형성되었고, 이 방언은 부에노스아이레스에서 발생한 전통음악 땅고의 가사에 많이 쓰이고 있다.

2만 헥타르 넓이의 수도 부에노스아이레스의 기후는 다소 습한 온대성 기후이다. 신대륙 발견 후 유럽학자들이 신대륙의 인디언도 '사람'인가에 대해 토론을 한 적이 있는데, "기후가 조악하고 습해서 인디언은 인간이 아니다"라는 주장을 한 사람들이 있었다. 그러나 부에노스아이레스의 기후에는 그런 조악함이 없다. 한국과 같은 한 겨울이 없는, 아르헨티나의 기후는 사람들의 성품처럼 포근하고 쾌적하다. 1918년에 부에노스아이레스에 눈이 한 번 온 기록이 있을 정도니 추위와는 거리가 멀다. 뽀르떼뇨들은 곧잘 스웨터를 어깨에 걸치고 다니며 행여나 있을지도 모를 추위에 대비한다. 어느 정도 경제력이 있는 사람들은 털 코트나 아르헨티나에서 많이 나는 물쥐(nutira) 코트를 입는다.

　부에노스아이레스는 세 가지 지명을 지칭할 수 있다. 수도 부에노스아이레스, 수도와 경계를 맞대고 있는 모든 도시를 포함한 대 부에노스아이레스(Gran Buenos Aires) 그리고 부에노스아이레스 주를 지칭할 수 있는 것이다. 수도에 약 300만 명의 인구가 살지만 위성도시까지 합한 면적 39만 헥타르의 대 부에노스아이레스에는 1,100만 명, 즉 인구 3,800만 명 중에 1/3이 수도권에 집중되어 있는 것이다. 이들 거의 대부분이 가톨릭 신자이다. 또한 문맹률이 2.9% 밖에 되지 않는 나라이기도 하다.

역사 속에 선 부에노스아이레스

부에노스아이레스에 가장 먼저 온 서양인

부에노스아이레스 지역에 가장 먼저 정박한 유럽인은 정복자 뻬드로 데 멘도사가 아니라 밀수꾼 환 디아스 데 솔리스였다. 기록에 남아 있는 그가 도착한 시기는 1516년 2월이다. 그는 포르투갈 사람이라고도 하고 스페인 안달루시아 지방 사람이라고도 하지만 정확하게 밝혀지지는 않았다.

1512년 부에노스아이레스 지역을 탐험한 그는 '은의 강' 하구가 대서양에서 태평양으로 통하는 지역이라고 믿고, '담수의 바다(Mar Dulce)'라고 명명했다. 환 디아스 데 솔리스의 탐험대는 대부분이 내륙에서 식인종들에게 잡아먹힌 것으로 알려졌다. 겨우 살아남은 사람들은 배를 타고 스페인으로 돌아가다가 태풍을 만나 거의 다 죽었다. 몇몇 생존자들은 과라니 인디언들에게 구조되어 함께 살았는데, 그 중 한 명이 포르투갈 사람 알레호 가르시아였다. 이들은 과라니족 언어를 배우면서 오랫동안 같이 살았다. 후에 태평양과 대서양을 잇는 항로와 해협을 발견한 사람은 포르투갈 사람 마젤란이다. 마젤란은 1519년 포르투갈을 출발하여 담수의 바다에 도착해서 해안 쪽을 보다가 키가 아주 큰 '거인' 인디언들이 있는 것을 목격하게 된다. 그들이 바로 환 디아스 데 솔리스의 대원 중에 생존해 있던 사람들이었던 것이다.

좋은 공기의 성처녀

아르헨티나라는 국가 이름은 '은'이라는 뜻을 가진 라틴어 아르헨툼(Argentum)에서 유래된 말이다. 아르헨티나라는 단어를 처음 사용한 사람은 시인 마르띤 엘 바르꼬 쎈떼네라(1535~1602)로 스페인 엑스뜨레마두라에서 태어나서 남아메리카의 식민개척에 적극 참가했던 인물이다. 그는 『아르헨티나와 리오 데 라 쁠라따의 정복』이라는 작품에서 이 단어를 처음 사용했다. 처음 아르헨티나에 엄청난 양의 은이 있다는 설이 있고 나서 '은의 땅(La Argentina)'이라는 이름을 갖게 되었다.

부에노스아이레스 시로 흐르고 있는 강 이름은 '은의 강(Rio de la Plata)'이다. 축구를 좋아하는 사람들은 리버 플레이트(River Plate)라는 축구팀의 이름을 통해서 친숙한 이름일 것이다.

이 은의 강의 황량한 둑 위에 마을이 생긴 것은 1536년 1월 스페인의 정복자 뻬드로 데 멘도사가 오면서부터였다. 1532년 프란씨스코 삐자르로가 잉카 제국을 정복하게 된다. 그 후 많은 탐험대가 칠레, 아르헨티나의 리오 데 라 쁠라따 지역과 파라나 강 부근을 탐험한다. 스페인과 포르투갈 사이에는 토르데실야스 조약에 의해 포르투갈 탐험대가 브라질 해안을 벗어나지 않는다는 협약이 이루어졌지만 스페인으로서는 '은의 강' 입구에 항구를 건설해야 포르투갈의 남하 내지 서진을 막을 수 있다고 생각하고 1534년 8월 22일 1차로 뻬드로 데 멘도사를 '은의강' 리오 데 라 쁠라따 지역의 정복자로 임명하게 된다.

멘도사는 2,500명의 스페인인과 150명의 외국인 선원들과 함선을 타고 부에노스아이레스로 와서 1536년 2월 3일 1차 도시를 건설한다. 이때부터 부에노스아이레스는 뻬루 리마에 있는 스페인 부왕청의 관리 하에 통치된다. 부에노스아이레스의 길이나 공원에 '2월 3일(tres de febrero)'이라는 이름이 붙은 것들은 첫 정복자에 의한 부에노스아이레스 시 1차 건립을 기념한 것이다.

정복자 뻬드로 데 멘도사의 탐험대에는 두 명의 가톨릭 사제가 있었다. 이들은 스페인 쎄빌야 시에 있는 '좋은 공기의 성처녀(La Virgen del Buen Aire)' 수도원 소속이었다. 이 두 사제 중 후스토 데 살라사르(Justo de Salazar) 수도사는 영적으로 정복자 멘도사에게 큰 영향력을 행사하던 사람이었고, 그 결과 멘도사에게 정복된 부에노스아이레스는 '공기 좋은 성처녀'란 이름을 갖게 되었다.

지구의 남반구의 1월은 한 여름이다. 한 여름에 도착한 정복단은 경작을 할 수 없어 겨울이 되었을 때 식량부족에 시달렸고, 당시 그 지역에 살던 께란디(Querandí) 인디언들의 저항도 만만찮아 결국 5년 만에 철수를 한다.

이민의 나라

1580년 정복자 환 데 가라이가 두 번째로 부에노스아이레스 시를 건립하게 되면서 계속해서 이민자를 받아들이고, 급속히 성장하게 된다. 이렇게 받아들이기 시작한 이민이, '이민의 나라'의 시작이었다.

부에노스아이레스 시는 아르헨티나의 국가 성장에 큰 영향을 준 도시이다. 항구로서 오지와 모국(스페인) 간의 교역을 통괄했는가 하면 경제적으로 뿐만 아니라 문화적으로도 중심적인 역할을 한 도시였다. 스페인 국왕은 1776년 부에노스아이레스에 은의 강 지역을 통괄할 부왕청을 세웠고, 이 부왕청은 당시 현재 아르헨티나보다 더 큰 땅인 600만 km²의 땅을 통치했었다.

은의 강 지역은 대서양과 태평양의 가운데 위치한 지정학적 요인과 풍부한 자원 덕에 당시 세계에서 가장 부유한 지역 중의 하나였고, 포르투갈과 영국이 이 땅에 군침을 삼키기 시작했다. 스페인 군대와 아르헨티나 태생의 군대는 육로로 땅의 일부를 뺏으려는 포르투갈의 시도와 바다를 통해 점령 야욕을 보인 영국의 침략을 막아야만 했다. 이런 와중에 독립에 대한 싹이 자라나기 시작했고, 1810년 5월 드디어 혁명이 일어난다.

오늘날 부에노스아이레스 시 대통령 궁과 까빌도(Cabildo, 시 의회) 사이에 있는 '오월의 광장'에 그해 5월 25일 사람들이 모여서, 스페인으로부터의 독립과 임시정부의 수립을 요구했다. 까빌도는 원래 스페인이 신세계의 식민 시대에 처음 도입한 행정형태를 가리킨다.

모든 새로운 도시에 까빌도를 설치하여 시 의회처럼 운영했다. 주민들이 1년 임기의 대표를 뽑아서 시의 정치, 사회, 경제, 법률 등을 논의했다. 아르헨티나의 역사적 정치는 모두이 건물 속에서 이루어졌다. 5월 혁명도 그러했고, 부왕청으로부터 독립을 성취하는 것도 이 건물에서 이루어졌다.

1821년 현재와 같은 정부형태가 이루어지면서 까빌도는 그 기능을 잃었다. 현재 부에노스아이레스에 있는 까빌도 건물은 18세기 초 예수회 신부 안드레 블랑키가 설계해 1751년 완공된 것이다. 1580년 건축된 까빌도 건물이 18세기 초까지 사용되었으나 무너질 위험 때문에 헐고 다시 지었다. 1899년과 1931년 사이에 아베니다 데 마요 대로를 확장하기 위해 남쪽과 북쪽의 아치를 3개나 헐었다.

425년 전에 구상된 도시 컨셉

제1정복자 뻬드로 데 멘도사가 1536년 처음 설치했던 강가의 기지는 지금 부에노스아이레스 시 산 뗄모 구에 있는 빠르께 레사마 공원(Parque Lezama) 자리에 있었다. 지금은 완전히 시내의 안쪽이 되어버렸지만 당시에는 바로 강가에 자연스럽게 형성된 강둑이었다. 역사학자들 중에는 라 보까(La Boca) 지역에 정복자들의 첫 기지가 건설되었다는 다른 주장을 하는 사람도 있다. 아무튼 첫 정복자 멘도사가 첫발을 내디뎠던 이 땅이 외국인 손에 넘어갔다가 다시 부에노스아이레스 시 당국에 되돌려졌다. 1812년 영국인 다니엘 맥킨리가 이 땅을 사서 농장으로 개발을 했는데, 그가 죽자 미국인 찰스 라절리 홈이 다시 이 땅을 사서 대저택을 지었다(이 저택은 현재 박물관으로 사용되고 있다). 그러다가 1857년 살타 주의 상인인 그레고리오 레사마가 이 땅을 사서 공원으로 만들고, 자신의 동상과 정자를 세웠다. 그가 죽자 그의 미망인 앙헬라 알사가는 이 땅을 부에노스아이레스 시에 기부하였고, 이후 레사마란 기증자의 이름이 붙인 빠르께 레사마 공원이 되었다.

도시 부에노스아이레스에 대한 기본 배치 컨셉이 지금과 같이 배분되고 확정된 것은 2차 정복자 환 데 가라이가 그린 도면에서부터였다. 현재 아르헨티나 대통령 궁의 위치, 그 앞

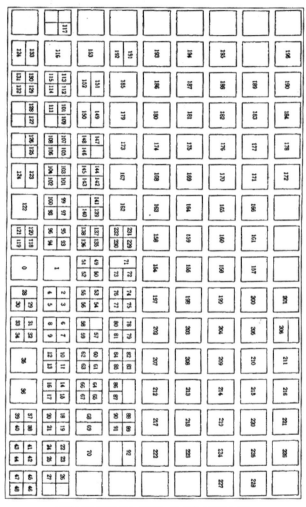

1580년 2차 정복자 환데 가라이가 그린 부에노스아이레스 도면.

에 있는 아르헨티나를 상징하는 중심 광장인 오월의 광장, 이 광장에 면해 있는 대성당과 시 의회 까빌도의 배치 구도는 지금부터 425년 전에 잡아둔 도시 배치 그대로이다. 그리고 아르헨티나의 어느 도시에 가봐도 중앙광장을 중심으로 도시 행정기구와 성당이 배치되는 형태가 그대로 적용되고, 도시는 항상 그 광장에서 시작된다.

이 도면을 보면 0번은 정복자의 숙소, 1번은 대광장, 2번은 대성당, 51번은 까빌도와 감옥, 122번은 성 프란씨스코 교회, 35번은 성 도밍고 교회, 123번은 성녀 우르술라 교회, 124번은 만천 명의 성처녀 교회, 36번은 산 마르띤 병원 등을 배치하고 있다.

이 도면상 정복자 환 데 가라이가 잡은 도시의 크기는 현재의 꼬르도바 가와 인데뻰덴시아 가를 남북 축으로 하고 현재의 베인티씽꼬 데 마요 가와 살따 가 그리고 리베르따드 가를 서쪽의 끝으로 하여 총 44개의 블록(1블록=100m×100m)으로 되어 있다.

0번 정복자의 숙소 자리가 지금 현재 아르헨티나 대통령 궁이다. 1번 대광장은 대통령 궁 앞에 있는 오월의 광장, 그 유명한 페로니즘(Peronism)이 바로 이 광장에서 그 열기를 내뿜었었다. 그런가 하면 군사정권 때 저항하다 실종된 자식들을 찾아달라고 외치는 하얀 수건을 쓴 어머니들이 데모를 하는 광장으로 세계적으로 알려진 곳도 바로 대통령 궁 앞의 이 오월의 광장이다. 정복자의 숙소(현 대통령 궁) 정문에서 광장을 보면서 오른쪽에 있는 2번 대성당은 물론 현재도 대성당이고, 정면에 있는 51번 까빌도도 현재 그대로 존속되어 있다. 교회나 병원으로 지정했던 지역들은 현재 그대로 남아 있는 것이 없다. 이 도면에 의하면 라 마딴사, 산 이시드로, 몬떼 그란데 등 당시의 식물의 무성함을 보고 이름을 지어준 지역들이 있는데, 사실 부에노스아이레스 외곽에 그 이름의 동네가 그대로 있는 것을 보면 도시가 창건되었을 때부터 기본적인 컨셉이 전혀 변하지 않고 발전해 왔음을 알 수 있다.

산 이시드로는 가장 품위 있는 집안이 사는 마을이 되었고, 몬떼 그란데는 격조 높은 삶과 죽음이 있는 라 레꼴레따 지역이 되었다.

세계에서 가장 넓은 길 '7월 9일 가'

부에노스아이레스의 가장 상징적인 거리 중의 하나가 '7월 9일 가'일 것이다. 이 길과 꼬리엔떼스 가가 만나는 지점에 오벨리스끄가 있기 때문이다. 폭이 140m로 세계에서 가장 넓은 길로 여겨지고 있는 이 대로는 1911년 알베아르(Carlos María de Alvear) 대통령이 제안하고 의회가 동의해 건설하게 되었다. 이 7월 9일가와 함께 대통령 궁 앞의 오월의 광장에서 사법부가 있는 라 발예(La Valle) 공원으로 이어지는 사선의 대로도 만들졌는데, 그 대로가 바로 디아고날 델 노르테(Diagonal del Norte, 북쪽 사선의 뜻)이다. 이 7월 9일 가가 건설되기 위해서는 1,000개의 만사나(1만사나=100m×100m) 위에 있던 집들이 모두 헐려야 했다. 프랑스의 건축가인 챨스 타이즈(Charles Thays)가 1887년에 디자인한 이 대로가 완성되는 데까지는 근 100년이 걸렸다.

세계에서 최고로 넓다는 이 길 위에 있는 67.5m 높이의 오벨리스끄는 부에노스아이레스의 상징물이 되어온 기념탑이다. 이것은 1936년 5월에 건축가 알베르또 쁘레비치(Alberto Prebisch)가 부에노스아이레스 시 건설 400주년 기념물로 만든 것이다. 이것이 건설되었을 때는 엄청난 비판을 받았다. 이런 상징물이 부에노스아이레스의 이미지를 얼마나 높이게 될 지를 예상치 못했던 사람들의 비판이었다. 오벨리스끄는 철근 콘크리트로 만들어졌다. 그 내부에는 200개의 계단이 있고 꼭대기에는 작은 창이 하나 나 있다.

오벨리스끄가 있는 바로 그 지점을 통과하는 꼬리엔떼스 가는 부에노스아이레스에서 가장 상징적인 거리 중 하나이다. 땅고 노래 가사와 시에 자주 인용되는 이 거리에는 극장과 서점, 카페, 피자 가게 등이 모여 있다.

오월의 광장에 있는

오벨리스끄

오월의 피라미드도 원래는 오벨리스끄였다. 이 피라미드는 부에노스아이레스에서 가장 먼저 만들어진 기념탑이다. 1810년 혁명을 기념하기 위해 만들어진 것인데, 14m 높이의 아도비 벽돌로 구운 속이 빈 오벨리스끄로 프란씨스코 까네레(Francisco Cañere)가 만든 것이었다. 이것이 보기 싫다는 비판이 상당히 많이 있었고, 1857년 쁘릴디아노 뿌에이레돈에 의해 탑의 높이가 18m로 높여졌고, 그 후 J. 두보르디에가 만든 자유를 상징하는 공화국 조각이 그 위에 놓이게 되었다.

춤과 음악으로 읽는 부에노스아이레스

땅고, 춤추는 슬픔의 감정

아르헨티나하면 떠오르는 음악과 춤이 바로 땅고이다. 우리는 이를 영어식으로 탱고라고 하지만, 아르헨티나에서는 땅고라고 부른다. 아스토르 피아졸라의 땅고는 많은 음악애호가들의 귀에 익은 음악일 것이다. 그러나 나이가 드신 분들은 「라 쿰파르시타」와 같은 땅고 곡을 더 잘 아실 것이다.

땅고는 연주로서의 땅고와 노래로서의 땅고 그리고 춤으로서의 땅고가 어우러진, 말하자면 음악과 춤이 혼합된 장르라고 할 수 있다. 구슬프고 애절한 춤이자 노래이고, 연주인 이 음악은 서양의 블루스 음악의 문화적 상대물이라고 할 수 있

아스트로 피아졸라.

다. 땅고를 "춤추는 슬픈 감정"이라고 표현하는데, 더 이상 다른 말로 땅고를 표현하기는 어렵다. 국제적으로 땅고가 유명해진 것은 땅고 춤보다는 노래에 의해, 특히 전설적인 가수 까를로스 가르델의 노래를 통해서였다.

기교 넘치고 섹시한 무용으로 알려진 땅고 춤, 현재도 산뗄모 지역과 몬세라트 가에 산재해 있는 클럽에서 매일 공연되고 있다. 땅고만 전문으로 하는 음악 방송이 있는가 하면 케이블 TV에도 땅고 전문 채널이 있을 정도로 아르헨티나에서 전국민의 사랑을 받고 있는 문화장르이다.

땅고는 1860년경 부에노스아이레스와 몬떼비데오 두 군데서 생겨난다. 수백만 명의 이민자들이 향수를 달래던 부에노스아이레스의 항구 사창가와 술집에서 춤으로 먼저 태어났다. 그리고 음악이 나온다. 1916년까지 땅고는 다른 곳이 아니라 사창가에서 순번을 기다리던 남자들끼리 추곤 했다.

땅고에 담긴 아픔과 슬픔은 아메리칸 드림을 찾아온, 돈을 벌겠다고 홀로 이민을 온 사람들의 절망감과 외로움에 깊은 연관이 있다. 그런 사람들이 창녀에게서 모든 감정을 다 해소할 수는 없지 않았겠는가. 말하자면 다 채울 수 없는 사랑, 즉

총체적인 사랑에 대한 향수가 땅고에 담기게 된 것이다. 땅고의 음악적 뿌리에는 아프리카적인 요소와 스페인적인 요소가 녹아있고 쿠바의 하바네라와 스페인 안달루시아 땅고와도 연관성이 있다고 한다.

인간적 드라마가 담긴 이 땅고가 사창가에서 또는 선술집에서 발생했다는 배경 때문인지 '땅고=성적욕망'이라는 등식이 있다고 한다. 노래 제목에 등장하는 옥수수(El Choclo), 톱(El Serrucho) 등은 남성의 성기를 은유한 낱말들이고 최고의 격렬함이라는 뜻을 가진 땅고 노래 「El Fierrazo」는 오르가즘을 은유한다. 땅고 가사 속에는 더 노골적인 표현들도 많이 나온다.

땅고를 이야기할 때 반드시 언급해야 할 요소가 작은 아코디언 '반도네온'이다. 이것은 독일에서 헤르만 불리그라는 사람이 1835년 만든 것으로 알려져 있다. 값이 비싼 오르간을 대신할 값싼 대용품으로 만들어진 것인데 이것이 외항선을 통해 아르헨티나로 유입되고, 땅고 연주에 사용된 것이다.

「삼각모자」라는 클래식 발레 작품이 있다. 세계적인 예술 흥행사 세르게이 디아길레프가 조직한 발레 루스가 1919년 공연한 작품인데, 레오니드 마신느가 안무를 맡고, 피카소가 무대미술과 의상을 디자인하고, 스페인의 작곡가 마누엘 데 파야(Manuel de Falla, 1876~1946)가 작곡을 했다. 작곡가 마누엘 데 파야는 그의 인생의 마지막 7년을 아르헨티나의 꼬르도바 주의 알따 가르시아라는 마을에 와서 살다가 죽었다.

마누엘 데 파야는 스페인의 천재 시인 페데리꼬 가르시아 로르까와 함께 스페인 내전에서 프랑코 파에 저항하는 활동을 하다가 아르헨티나로 피신을 왔던 것이다. 가르시아 로르까는 끝까지 남아 있다가 결국 총살당한다.

부에노스아이레스로 오는 선상에서 니진스키의 아내가 된 발레리나 로몰라 니진스키 풀스키(Romola Nijinsky-pulszky)는 부에노스아이레스에 대한 인상을 이렇게 남겼다.

밤이 되어 오고 있었어요. 생생한 빛의 염주가 지평선을 장식했었고, 선상에서의 우리들의 마지막 밤, 아르헨티나의 진짜 땅고를 들으면서 우리는 놀랐고……그리고 보름달의 그 푸른 빛깔. 그것이 부에노스아이레스였어요

춤의 신 니진스키, 부에노스아이레스에서 결혼

니진스키는 1913년과 1917년 아르헨티나에 두 번 왔었다. 그의 발레 루스가 부에노스아이레스에서 공연을 하기 위해 영국 여객선 에이번(Avon)호를 타고 프랑스를 떠난 것이 1913년 8월 15일이었다. 이 배에는 주연이자 안무가였던 바슬라브 니진스키와 전설적 발레리나 타마라 카르사비나가 타고 있었다. 배가 떠난 지 2주일 후 니진스키가 선상에서 무용수 로몰라 풀스키(Romola Pulszky)와 결혼을 한다고 공표를 해 많은 사람들을 놀라게 했고, 부에노스아이레스에 도착한 이틀 후에 결혼식을 올렸다.

당시 흥행주 디아길레프는 유럽에 남아 있고, 그의 충실한 추종자이자 20년간 발레 루스의 리허설 감독을 지낸 세르게이 그리그리에프가 발레단을 이끌고 있었다. 디아길레프는 그리그리에프에게 전보를 보내 안무가 니진스키를 해임하도록 한다. 한 달 동안 발레 루스가 부에노스아이레스에서 공연을 하면서 스타가 된 인물은 그리코리에프의 부인이었던 리우보프 체르니체바(Liubov Tchernicheva)였다. 물론 니진스키의 아내가 된 로몰라에게도 많은 시선이 쏟아졌다. 부에노스아이레스 시와 꼴론 극장, 그리고 니진스키와 디아길레프 사이에는 이런 인연이 닿아 있었다.

　니진스키의 부인이 된 로몰라의 자서전에는 "부에노스아이레스의 빨레르모 공원이 참 인상적이었다. 도시 부에노스아이레스는 파리와 마드리드와 브뤼셀을 합한 것 같고 꼴론 극장은 정말 엄청나게 크고, 탈의실에는 화장실과 무용수들이 누릴 수 있는 모든 안락함이 있는 세계에서 가장 큰 오페라좌"라고 기록되어 있다.

　니진스키와 로몰라가 1913년 9월 13일 오후 6시 15분 결혼식을 올린 성당은 바르똘로메 미트레 가와 수아빠차에 있는 산 미겔 성당이었다. 이 성당은 아르헨티나 상류층 사람들이 가장 선호하는 결혼식 장소였다. 이 성당에서 결혼식을 할 때 니진스키는 러시아어로, 로몰라는 항가리어와 프랑스어로 혼배 성사를 올렸다고 기록되어 있다.

　이들의 결혼식 다음 날부터 발레 루스의 「목신의 오후」 「세

헤레자데」「백조의 호수」가 공연되는 꼴론 극장에는 부에노스아이레스의 상류층 사람들이 득실거렸다. 주연 발레리나는 카르사비나였지만 관객들의 호기심 가득한 눈은 춤의 신 니진스키의 아내가 된 로몰라가 과연 누구인가를 찾고 있었다.

니진스키가 1917년 두 번째로 부에노스아이레스를 방문할 때 전 대통령인 낀따나의 아들과 니진스키에게 땅고를 가르쳐 준 선생, 아르헨티나로 이민와서 살고 있던 로몰라의 친척들이 여객선 뱃머리로 마중을 나왔다. 이때 함께 온 사람은 주연 발레리나 안나 파블로바였다. 이들은 막 문을 열었던 플라자 호텔에 묵었는데, 호텔 로비에서 1917년 러시아의 볼세비키 혁명에 대한 소식을 듣게 된다.

니진스키의 여동생이자 세계적인 무용가인 브로니슬라바 니진스카도 1920년대와 1930년대에 꼴론 극장 무대에 자신이 안무한 작품을 올리고 수년 동안 부에노스아이레스에 살았다. 1960년에는 니진스카가 마르께스 데 꾸에바스 무용단을 이끌고 부에노스아이레스에 다시 방문한다.

인물로 찾아간 부에노스아이레스

체 게바라(Che Guevara, 1928~1967)

한 도시를 이야기하면서 그곳에서 살다간 인물들을 어떻게 다 이야기하겠는가? 그러나 오늘의 아르헨티나를 세계인에게 회자케 한 인물을 이야기하는 것이 그 나라와 도시를 이해하는 첩경일 것이다.

체 게바라의 본명은 에르네스또 게바라 데 라 세르나이다. 그는 원래 중산층의 아들로 꼬르도바 주 로사리오라는 도시에서 태어났지만, 어릴 때부터 천식을 앓아 공기가 좋은 알따 가르시아라는 마을로 이사해 살게 된다. 그는 부에노스아이레스 국립대학교 의과대학을 졸업하고 1953년 의사가 되었지만, 의

사로서보다는 현실 개혁이라는 이상을 좇아 혁명가가 되었다.

자전거, 오토바이 또는 자동차를 타고 중남미 전역을 여행하면서 민중의 비참한 생활과 미국 기업들의 착취 등 현실에 눈을 떠, 혁명의 대열에 들어선다. 1954년 과테말라의 좌파 정권 하꼬보 아르벤즈 대통령의 개혁정책에 참여했다가 쿠데타에 의해 전복되는 것을 계기로 마르크스-레닌주의 학습에 몰두한다. 에르네스또 게바라는 과테말라에서 멕시코로 피신을 한다.

1955년 여름 체 게바라는 쿠바에서 추방되어 멕시코에서 망명생활을 하고 있던 피델 카스트로를 만나게 된다. 1959년 쿠바 혁명은 성공을 하고, 체 게바라는 성공한 혁명가가 된다.

한때 쿠바의 중앙은행장을 지내기도 했던 체 게바라는 혁명이 성공한 후 홀연히 쿠바를 떠나 콩고와 볼리비아에서 게릴라 활동을 하다가 1967년 10월 9일 볼리비아 정부군에 의해 사살된다. 의사로서, 혹은 쿠바 혁명 성공 후 정치인으로 얼마든지 안락한 생활을 할 수 있었던 그는 공산주의라는 이상만을 순수하게 좇은 순수한 혁명가로서 일생을 마쳤다.

본명에 없는 '체(Che)'라는 말은 어디서 나온 것일까? 거의 모든 부에노스아이레스 사람들은 '체'라는 단어를 사용한다. 사람을 부를 때 '어이'하는 정도의 말이다. 사실 이것을 아무에게나 사용할 수는 없고, 비교적 막역한 사이나 같은 집단에서만 사용하지만 길거리에서 처음 만난 사람도, 학교 친구 간에도 그렇게 부른다.

스페인에서 발간된 소페나 유니버설 백과사전에는 "발렌시아 지방과 아르헨티나에서 막역한 사이끼리 서로 주의를 끌기 위해 사용하는 감탄사이다"라고 규정하고 있다. 현재는 우루과이나 볼리비아에서도 사용되고 있지만, 때로는 아르헨티나 사람을 지칭하는 뜻으로도 쓰인다. 공산혁명주의자 체 게바라는 그 사람의 별명이 되어버렸지만 아르헨티나 사람 게바라라는 것을 말하고 있기도 하다.

환 도밍고 페론(1895~1974)과 에바 페론(1919~1952)

환 도밍고 페론은 위대한 인물이다. 또 훌륭한 선동가이기도 했다. 1945년 당시 그는 아르헨티나의 군사정부에서 노동장관을 지내고 있었다. 군사정부의 종식을 요구하는 야당의 활동이 거세질 때 대통령 아발로 장군은 인기가 치솟고 있던 페론 대령을 견제하기 위하여 연금한다. 그의 정치적 상승을 막기 위한 것이었다. 그런데 아르헨티나의 노동자들은 페론 대령의 석방을 요구하면서 1945년 10월 17일 총 파업을 하고 수십만 명이 대통령 궁 앞의 오월의 광장에 모였다. 총칼로 피를 흘리게 하지 않으면 물러서지 않고 해산시킬 수도 없는 상황에서 군부는 손을 들 수밖에 없었다. 그날 밤 11시 페론 대령은 대통령 궁 발코니에 나와서 노동자들의 환호에 답했다. 이듬해 대통령 선거에서 페론이 대통령으로 당선되었고, 향후 수십 년 간 아르헨티나의 정치에 명암을 드리우는 인물이 되었다. 군부에 반대하던 노동자 계급이 육군 대령 페론을 자신들의 힘으로 권좌에 오르게 한 시민혁명은 역사상 전무후무한 사건이다. 페론은 10년간 대통령으로 있다가 또 다른 군사 쿠데타에 의해 권좌에서 쫓겨나 스페인 마드리드에 있는 철의 궁전으로 불린 저택에서 17년간의 망명생활을 하게 된다.

페론과 그의 아내 에바 페론이 이용했던 대중 영합적 정책을 포퓰리즘(Populism)이라고 한다. 사람들은 흔히 아르헨티나가 포퓰리즘 때문에 멍들고 망한 대표적인 나라라고들 말하는데, 그 근본적인 이유는 위정자가 빈민·노동 계층에게 약속한 지나친 공약 때문에 발생한 엄청난 재정적자 때문이었다. 자신을 권좌에 올린 노동운동이 아르헨티나 경제의 목을 옥죄었던 것이다. 한번 익숙해진 공짜 이익과 사회 보장제도를 바꿀 수는 없기 때문에 1950년대 이후부터 아르헨티나 경제는 지금까지 그 혼란의 수렁에서 빠져나오지 못하고 있다.

에비타, 노동자들의 성녀

에비타는 에바 페론을 애칭으로 부를 때 쓰는 말이다. 에비타는 노동자들의 어머니이자 노동자들이 진정 존경하는 성녀였다. 에비타가 그렇게 젊은 나이에 죽지 않고 더 살았더라면 아르헨티나의 정치와 경제는 어떻게 되었을까? 마치 "클레오파트라의 코가 조금만 더 높았더라면?"하는 우문을 던지는 것과 같은 질문을 해 볼 수 있는 인물이 바로 에비타이다. 그녀가 좀더 살았다면 아마도 예측하기 힘든 정치적 소용돌이가 있었을 것이다. 그리고 역사를 다시 써야 했을 것이다. 페론은 에비타의 인기에 힘입어 대통령이 되었고, 에비타가 죽고 나서 얼마 지나지 않아서 실각을 했다.

노동자들에게 사회 정의 실현을 행한 에비타는 이렇게 말했다.

나는 이 큰 도시의 모든 마을을 걸어봤다. 그때부터 나는 내 조국의 땅 안에서 뛰고 있는 심장의 모든 생각을 다 꿰뚫고 있다.

그래서였을까? 그녀는 모든 노동자들의 추앙을 받았다. 그녀는 헤네랄 비아몬떼에서 태어났고, 열여섯 살 되던 1935년 1월 3일 부에노스아이레스에 왔다. 처음 와서는 아주 저급한 팬션에 살았던 것으로 알려져 있을 뿐 그녀가 어디서 살았는지 정확하게 아는 사람은 없다. 1935년 3월 28일 당시 떼아뜨로 꼬메디아 극장에서 에르네스도 마르실리의 작품 「뻬레스 부인」에서 하녀 역으로 처음 무대에 섰다. 이후 4년간 단역으로 이것저것 닥치는 대로 일을 하게 된다. 스무 살이 되어서 라디오 연속극 「해적의 별」 등에서 활동하면서 잡지 기사에 실리게 되고, 연예계에 에바 페론이라는 이름을 조금씩 알리게 되었다. 라디오 연속극에서 약간의 인기를 얻게 되면서 그녀는 극작가 프란씨스코 무뇨스 아스삐리를 만나게 되고, 이를 계기로 조금 더 유명해진다. 극작가 무뇨스 아스삐리는 에바 페론이 정치활동을 시작할 때 그녀의 첫 대중 연설 원고를 쓰게 된 인물이다.

1944년 1월 15일 산 환 주에서 대 지진이 일어난다. 지진 피해자를 돕기 위한 자선행사가 루나 파크(Luna Park, 우리나라의 장충 체육관 같은 곳)에서 있었는데, 이 자선 행사에서 에비타와 당시 노동 장관이었던 환 페론 대령이 처음으로 조우하게 되고, 이때부터 페론의 정치적 성공이 이루어진다. 에비타는 「탕녀」라는 영화로 대성공을 거둔다. 이후 에비타는 대중적 인기를 바탕으로 페론의 정치적 활동의 동조자가 되고, 1945년 10월 17일 시민대혁명의 증인이 된다. 대혁명이 일어난 5일 후 두 사람은 결혼식을 올린다.

남편이 대통령이 되고나서 에비타는 정치적 동반자로서 활동하기 위한 기반으로 에바 페론 재단을 만들고, 노조들을 장악하는 한편, 여성의 투표권을 허용하는 법안을 통과시키고, 1949년 여성 페론당을 창당한다. 에비타는 무개차(無蓋車)를 타고 부에노스아이레스 시내 곳곳을 다녔다. 그녀가 타고 있는 차량 뒤에는 항상 지지 세력이 뒤따랐다.

페론은 가난한 사람들을 위한 식량 배급, 위생 시설 등 아르헨티나 사람들이 한 번도 받아 보지 못한 수준의 지원을 해, 노동 계층의 우상이 되어가고 있었다. 1950년에는 지금도 본부로 사용하고 있는 전국노동조합 연맹 CGT의 건물을 완공하여 페론과 에비타가 당시 노조연맹 위원장인 호세 에스페호와 함께 개관식 테이프 커팅을 했다. 에비타의 이런 노동자 일

변도의 활동은 그녀가 죽고, 페론이 실각을 한 지 18년 만에 페론이 다시 대통령이 되어 망명지에서 귀국을 할 수 있는 밑거름이 되었고, 1976년 군사정부 이후와 1983년 민주화 이후 또 다시 페론당이 정권을 잡는 기반이 되었다.

에바 페론은 비록 가난한 사람들에 대한 엄청난 지원으로 국가가 재정적 파탄을 겪게 되는 한 동인을 만들기도 했으나, 노동자 계층과 서민들에게 정부는 항상 무조건적으로 당신들을 도와줄 수 있다는 하나의 환상을 심어 주었던 것이다.

Don't cry for me Argentina!

1950년부터 에비타는 건강이 나빠졌다. 그런데, 그녀는 남편 페론의 재선 러닝메이트인 부통령 후보였다. 1951년 8월 22일 그녀는 7월 9일 가와 모레노 가가 만나는 지점에서 수백만 명이 모이는 공개 까빌도(일종의 시민 민주주의 행사)를 벌였고, 그녀는 그 자리에서 공개적으로 부통령 후보에서 사임했다. 영화 「에비타 Evita」에 나오는 안드류 요이드 웨버의 노래 「아르헨티나여 나를 위해 울지 마라 Don't Cry for me Argentina」라는 노래는 바로 이 장면, 사임하는 공개 까빌도 행사에서 영감을 받은 것이다. 에비타는 자궁 종양이 폐까지 전이되어 1952년 7월 26일 사망했다. 시신은 그녀를 기리는 의미에서 미라화되어서 전국노동조합 연맹 CGT 본부 건물에 전시되었다. 1955년 군사혁명이 일어나고, 페론이 실각하는 어수선한 상황에서 에비타의 시체가 사라졌다. 1972년이 되어서야 그녀의

에바 페론.

시체가 다른 사람의 이름으로 국외에 반출되어 이탈리아에 묻혀있었던 것이 밝혀졌다. 발견된 시신은 당시 스페인에서 망명 중이던 남편 페론에게 반환되었다.

에비타의 활동의 예를 하나만 구체적으로 들어보면 이러하다. 에비타는 종종 빈민촌을 방문하곤 했는데, 빈민들의 실상을 보고 경악했다. 한번은 빌야 솔다띠 마을을 방문했는데, 경악을 금치 못할 열악한 현실을 보고 이렇게 연설을 했다. "온 마을 사람들은 지금 즉시, 꼭 필요한 물건들만 챙겨서 이 마을을 떠나세요"라고. 당장 버스들이 배차되어 주민들을 이동시켰고, 마을이 다 비워지자마자 빈민촌을 불태웠다.

그녀는 부에노스아이레스의 외곽에 쉴 새 없이 임대료가 낮은 사회보장성 주택을 짓고, 길을 내고, 빈민자 숙소도 짓고, 방황하는 젊은이들을 위해 체육관도 지었다. 대통령도 쉽게 할 수 없는 결단과 행동을 보여준 것이다.

1972년 군사정부의 대통령 라누세 장군이 대통령 선거를 공고했다. 1952년 이후 페론이 두 번째 대통령으로 선출되던 선거 이후에 처음으로 맞이하는 선거였다. 그러나 라누세 장군은 선거를 공고했지만, 페론당은 선거에 참여치 못하게 손을 썼다. 결국 페론을 대신하여 그가 지명한 대리인 엑또르 깜 뽀라가 선거에 출마하여 대통령이 되었다. 그는 라누세 장군에게 정권을 이양 받고는 사임을 하고, 다시 선거를 하여 페론이 대통령이 된다. 스페인에서 환국한 페론이 세 번째로 대통령이 된 것이다. 그의 세 번째 아내인 이사벨 페론여사가 부통령이 되었다.

1974년 에비타의 시신은 레꼴레따 묘지로 이장되었다. 그런데 그녀의 시신은 또 한 번 유괴되는 수난을 겪게 된다. 찾은 시신은 공동묘지로 가지 못하고, 1976년까지는 올리보스에 있는 대통령 관저에 보관되었다가 레꼴레따에 있는 두아르떼(Duarte) 가문의 가족묘에 안치되었다. 2002년에는 에비타 박물관도 빨레르모 지역에 개관되었다.

하얀 수건의 어머니들

도시게릴라의 소용돌이 속에서 1976년 3월 라파엘 비델라 장군에 의해 군사 쿠데타가 일어나고, 페론 사후 권력을 이어받았던 이사벨 페론여사는 빠따고니아의 한 저택에 연금되었다. 군부는 테러리스트에 대한 대대적인 소탕작전을 벌였다. 이때 많은 사람들이 실종되었다. 실종된 사람 중에는 군부가 시체들을 바다에 버린다는 정보를 군사평의회에 공개편지로 보낸 시인이자 저술가인 로돌포 왈쉬도 포함되어 있다. 유태계 언론인으로 유력지 『La Opinion』을 발행하던 하꼬보 띠메르만도 체포되어 고문을 당했다. 군사정부는 이 극우 테러리스트의 제거 작전을 '대침묵'이라고 불렀다. 나치적 이상이 군부에 의해 실현되는 것 같았다. 아무튼 이렇게 하여 인민해방군 ERP는 소멸되었다. 1983년 민주정부가 들어서고 나서야 경찰에 신고된 실종자 수는 8,960명이었다. 많은 사람들이 보복을 우려해 신고를 하지 못했고, 오월의 광장 어머니회에 의하면 3만 명 정도가 군사정부 시절 실종되었다고 한다.

에베 보나피니 여사는 하얀 수건을 쓴 어머니들의 대표이다. 하얀 수건을 두르고 실종된 아들을 찾아달라고 데모를 하는 여사의 사진이 국제 언론의 관심을 끌었다. 군사정부와 페론의 3기 집권 기간 중에 극좌, 극우 단체의 테러활동 그리고 군사 쿠데타에 의한 군사정부 시절의 악순환의 결과에서 발생한 것이 오월의 어머니회의 데모이다.

매주 목요일 오후 세시면 대통령 궁 앞의 오월의 광장에 머리에 하얀 수건을 두른 어머니들이 모여서 데모를 벌인다. 그 무서운 군사정부에 대해 이제 아무 것도 잃을 것이 없는 어머니들이 실종자를 찾아달라고 여론에 호소하는 데모를 하게 된 것이다. 군부가 예상치 못한 일이었다. 마치 교회에서 미사를 하듯 어머니들이 모여서 아이들의 손을 잡고 "아들들이 살해되었다"고 암송을 하는 것이었다. 또 침묵 속에서 오월의 피라미드를 돌기도 한다. 군사정부 시절 이들의 데모는 항상 최루탄과 경찰봉, 경찰견으로 해산되곤 했다. 1978년 아르헨티나에서 월드컵이 있었을 때 이들의 데모가 국제 여론화되는 것을 우려한 군부는 더 강력하게 이들을 억압했다. 1981년부터 오월의 어머니회의 데모는 "산 채로 나타나라"라는 구호를 내걸고 오월의 광장에서 하나의 고정행사가 되어버렸고, 이들의 활동은 국제적인 지지를 얻게 되었다.

이렇게 페론도, 아르헨티나의 정치도, 오월의 어머니회도 모두 말없는 오월의 광장의 이미지 속에 담겨있다.

까를로스 가르델(1887~1935)

부에노스아이레스에서 가르델을 모르면 간첩이다. 부에노스아이레스에 처음 갔을 때 나도 간첩이었다. 첫 학기 경제학 시험을 치르는데, 희귀재 가격에 관한 질문이 나왔다. 그 질문 중에 가르델의 음반이 지문으로 나와 있었다. 가르델이 무엇인지 혹은 누구인지 전혀 알 수 없던 나는 교수님에게 "가르델이 뭐지요?"하고 물어야 했다.

그는 프랑스에서 태어났다. 그의 출생증명서에 어머니는 베르뜨 가르데스, 직업은 세탁부라고 되어 있지만 아버지가 누군지는 기록되어 있지 않다. 그는 1893년 3월 증기선 돈 뻬드로호를 타고 부에

까를로스 가르델.

노스아이레스 항구에 내렸다. 1901년 산 까를로스 초등학교에 인쇄과정 신입생으로 입학을 했는데, 공부에서 보다는 합창반에서 더 두각을 나타내었다. 1904년 중등학교에 들어가서는 엄마를 돕기 위해 인쇄소에서 식자공으로 그리고 극장에서 소도구 담당으로 일했다. 그가 자신의 바리톤 음성을 처음으로 알리기 시작한 것은 1910년 우마우아까 가에 있는 한 카페 오론데만(O'Rondeman)에서였다. 그는 그곳에서 '아바스토 구의 갈색 머리'란 별명으로 알려지기 시작해 아르헨티나 땅고의 황제라고까지 불리게 되었다.

그는 "나는 부에노스아이레스에 있을 때만이 완전히 행복하고, 노래를 잘 부른다. 왜냐하면 나를 동반해주고, 나를 해설해주고, 나를 깊이 느끼는 내 조국의 관중들이 항상 나에게 박수를 보냈기 때문이다"라고 말했다.

그는 땅고 노래를 부르고 작곡했을 뿐만 아니라 영화도 찍었다. 1919년 8월 12일에는 까를로스 가르델은 떼아뜨로 아베니다에서 라 아르헨띠나(본명: 안또니아 메르세)와 함께 5시간이나 공연을 했다. 음악으로 부에노스아이레스인들의 사랑을 한 몸에 받던 그는 1935년 6월 23일 콜롬비아의 메델인에서 비행기 사고로 사망했다

부에노스아이레스 사람들이 "그는 가르델이다"라고 말할 때는 "그는 최고다"하는 것을 의미할 정도로 그는 땅고 황제로서의 자리를 확고히 하고 있었다.

유진 오닐(1888~1953)

　미국의 극작가 유진 오닐은 프린스턴과 하버드에서 공부했고 1936년 노벨 문학상을 받은 대극작가이다. 그는 18세 때부터 상선을 타고 여러 나라를 떠돌아 다녔는데 그의 첫 선원 생활이 노르웨이의 화물선을 타고 보스톤에서 부에노스아이레스로 오는 것이었다. 1907년의 일이다. 그는 "내가 부에노스아이레스에 내렸을 때 호주머니엔 단돈 10달러뿐인 항구의 부두를 거니는 방랑자일 뿐이었다. 아마도 부에노스아이레스의 공원에 있는 벤치 중 내가 자보지 않은 벤치는 없을 것이다"라고 부에노스아이레스 시절을 회상한 바 있다.

　유진 오닐은 부에노스아이레스에 와서 웨스팅하우스 전기회사의 디자인실에서 일했고, 라 쁠라따 냉동회사의 양모 창고에서도, 싱거 재봉틀 부에노스아이레스 사무소에서도 일했다. 그는 배를 타고 남아프리카의 더반으로 갔다가 부에노스아이레스로 돌아왔다. 유진 오닐은 2년 동안 부에노스아이레스에 살면서 부둣가를 산책하는 것을 좋아했다. 1987년 미국의 영화배우 폴 뉴먼의 부인 조안 우드워드는 뉴욕의 채널 13에서 제작된 미국의 대가들이라는 프로그램에 출연한 적이 있다. 그 프로그램에서 조안 우드워드는 20세기 초 부에노스아이레스 항구의 사진들을 보여주었다. 그 사진들 중에는 'Corti Riva & Co. casa introductora(꼬르띠 리바 수입회사)'라는 글씨가 쓰여진 건물 사진이 있는가 하면 라 보까 지역의 쪽방

(conventillo), 창녀들 그리고 한 공원의 벤치에서 잠을 자고 있는 유진 오닐의 사진이 있었다. "정말 생생한 경험, 거기에서 지평선 저쪽에 있는 아이디어가 튀어나오는 경험은 내가 부에노스아이레스에서 뉴욕 가는 배에서 늙은 노르웨이 출신 선원을 만난 것이었다. 그는 항상 바다를 저주했고, 바다가 이끈 그의 삶을 싫어했다. 아무런 가정도 없이. 그게 나에게는 인생이라고 생각되었다"라고 회고했던 유진 오닐의 부에노스아이레스 시절의 바로 그 사진이었던 것이다.

유진 오닐의 부인인 까를로따 몬테레이 여사도 "오닐은 부에노스아이레스 시절에 대해 끊임없이 말하곤 했어요. 부에노스아이레스를 그는 피 속에 담고 있는 것 같았고, 그에게는 모든 것이 의미가 있었다고 했어요. 한 번은 내가 당신을 온 유럽으로 다 데리고 다녔는데, 유럽에 대해 좋다고 한 적이 없는데, 왜 그렇게 부에노스아이레스 얘기만 하느냐고 했더니 '유럽도 좋긴 하지만 유럽에는 감동적인 것이 하나도 없잖아'라고 말을 했다"고 한다. 그만큼 미국 유일의 노벨 문학상을 받은 극작가 유진 오닐은 감동적인 것이 있는 부에노스아이레스를 좋아했던 것이다.

예술작품이 널린 부에노스아이레스

1900년경의 부에노스아이레스는 우수 건축물이 있는 세계 12대 도시 중의 하나였다. 특히 부와 특권을 나타내는 건축물이 많았다. 분홍 궁전(Pink House)이라는 의미의 대통령 궁, 스페인어로는 까사 로사다(Casa Rosada)라고 부른다.

이 것은 앞에서 언급한 대로 1530년대부터 정복자가 모든 정치의 중심지로 자리를 잡았던 곳이고, 현 건물은 1595년 오스트리아 환 발타사르(Juan Baltasar) 왕립 요새, 말하자면 부왕이 자리 잡았던 바로 그 자리에 있다. 현재의 아르헨티나 대통령 궁의 건물에서 입구의 아치와 내부의 일부가 그 요새 시절 만들어진 그대로이다. 옛날 부왕청이 부분적으로 헐려지고 그 자리에 새 세관건물이 지어졌다. 그리고 1870년에 사르미엔또 대통령 때 정복자 시대 지어진 요새의 남쪽부분에 우체국 건물이 지어졌다. 대통령 궁이 지금처럼 핑크 빛으로 칠해진 것도 바로 사르미엔또 대통령 때인데, 이는 연방주의자와 중앙집권주의자 간의 내전 이후 통일을 상징하기 위해 칠해진 것이었고, 그 이후 대통령 궁의 전통적인 색깔이 되었다.

1894년 건축가 프란씨스코 땀부리니가 우체국과 세관 건물을 합치는 개조 공사를 했는데, 이때 현 대통령 궁의 뒤쪽으로 뻗어 있는 빠쎄오 꼴론(콜럼버스의 산책이라는 뜻) 가를 바라다볼 수 있는 부분을 새로 지었다. 이 통합공사는 건축학적으로 절충식이었다. 건축가 탐부리니는 고전적인 부분에 프랑스식과 노르만디적 세밀함을 섞어서 지금과 같은 건물 형태를 창조해내었고, 주현관을 오월의 광장 쪽으로 설치함으로써 현재와 같은 대통령 궁 모습을 갖게 되었다. 에비타와 페론이 대중에게 손을 흔들었던 그 유명한 발코니는 바로 그때 만들어진 것이다. 이 대통령 궁은 궁이라고 이름이 붙었지만 대통령의 집무실일 뿐 거주하는 곳은 아니다.

대통령 궁 앞과 부근에는 정말 훌륭한 건물이 많아 다 언급을 할 수 없을 정도이다. 그러나 언급하지 않을 수 없는 것이 대성당이다. 대성당 앞에는 영원히 꺼지지 않는 횃불이 타고 있다. 성당에 웬 횃불이 타고 있나 하는 의아심을 가질 수 있는데, 이것은 장묘(Mausoleum)가 있다는 것을 상징한다. 로마에 있는 베드로 성당에 교황들의 묘를 만들어 놓은 것을 볼 수 있듯 부에노스아이레스 대성당 안에도 독립 영웅 산 마르띤 장군의 묘를 위한 공간이 만들어져 있다. 이 공간은 1822년 프랑스 건축가 엔리까 아베르(Enrique Aberg)가 설계했고, 조각가 알버드 까리에르 벨레스(Albert Carriere Belleuse)가 대리석 조각을 했다. 이 산 마르띤 장군의 묘에 라스 에라스 장군과 토마스 기도 장군 그리고 독립 전쟁 당시의 무명용사들의 유골 재를 담은 세 개의 항아리도 함께 봉안되어 있다.

이 성당은 1836년 대성당으로 헌당되었다. 현재의 대성당 건물은 1580년 제2차 부에노스아이레스 창건 때 이 자리에 교회가 자리 잡은 이후 일곱 번째 건물이다. 현 본당 건물은 1754년 영국 사보이야드(Savoyyard) 건축가들에 의해 지어지기 시작했다. 완공되어 현재 체재를 갖는 데는 많은 건축가들의 작업이 뒤따랐고 근 100년이라는 시간이 걸렸다.

교회 본당의 세 개의 회중석과 옆의 부속 예배당, 중앙 회중석과 십자형 둥근 천장 그리고 첫 둥근 지붕 꼭대기 그리고 초기의 단순한 외관 등의 복원은 모두 안토니오 마셀야의 설계 덕분이다. 1770년 건축가 알바레스 데 로챠가 현재의 둥근 지붕과 바로크 스타일의 사제석을 만들었다. 둥근 천장과 사제석 장식은 이탈리아의 르네상스 스타일로 완공되어 있는데, 이것은 화가 프란씨스코 빠리시의 작업으로 이루어졌다. 주제단에 대한 금장 작업은 1789년 화가 이시도로 로레아에게 맡겨졌다. 이 주제단은 바티칸의 개정에 의해 1970년 다시 수정되어 현재에 이르고 있다. 오른쪽 회중석은 엔리끄 아베르에 의해 1800년 말 개조되면서 독립영웅을 위한 묘가 만들어졌다. 교회 건물의 정면에 보이는 네오 클래식 스타일의 거대한 삼각형과 대기둥은 1822년 프랑스의 건축가 프로스페로 까델린이 파리의 보로본 왕국 스타일에서 영감을 받아서 만든 것인데, 정면에서 보는 인상은 아주 강하다. 교회의 건물 외관의 이 삼각형 장식은 3년 동안 조각해 넣어야 하는 작업이었다. 성경에 나와 있는 이야기, 즉 "야곱과 그의 아들 요셉이 교회로 돌아오는 것"이 삼각형에 부조되어 있는데, 이는 19세기 아르헨티나의 정치사에서 중앙집권주의와 연방주의 간의 화해를 상징하는 의미로 새겨진 이미지이다.

1906년 피게로아 알꼬르따 대통령 때 개관된 의사당 건물은 아베니다 데 마요 가의 끝에서 행정 수반이 있는 대통령궁과 마주보고 있다. 건축적으로 미국의 의회 건물의 돔과 비슷한 형태로 80m 높이의 청동으로 된 돔을 가지고 있고, 외관이 모두 석재로 되어 있어 아름다운 건물이다. 외벽 청소를 할 때는 고열의 수증기와 모래로 닦아내야 하는 건물이다.

이 건물의 설계는 1895년 국제적으로 공모되었다. 이탈리아의 건축가 빅토르 메아노(Victor Meano)가 낙찰을 받아 설계했다. 1906년 일부가 개관되었고 1946년에 완공되었다. 설계 형태는 19세기 말 이탈리아 학파 스타일을 반영하고 있고, 완벽한 대칭 형태를 이루고 있는 건물이다. 외벽은 회색의 석회암으로 되어 있어 차분한 인상을 주면서도 정면에서 보면 상당히 장엄한 인상을 주며, 계단을 오르면 코린트식 장식을 한 현관이 있다. 의사당 앞에 있는 일련의 조각은 이탈리아의 조각가 빅토르 데 폴(Victor de Pol)의 작품이다.

국회의사당 건물 자체도 멋있지만 이에 얽힌 이야기도 흥미롭다. 국회 의사당을 설계한 메아노의 경쟁자이던 알레한드로 크리스토페르슨은 수십 년이 지난 뒤 "설계 입찰 당시 메아노가 제출한 스케치는 메아노 자신이 한 것이 아니다"라고 폭로했다. 메아노는 공사 중에 예산보다 공사비가 초과되어 의회가 조사를 시작하게 된 시점에서 자신의 하녀가 쏜 총에 피살되었다. 어딘가 석연치 않은 스토리가 있지만 건물이 보여주는 아름다움은 그 석연치 못함을 씻어버리고도 남는다.

누레예프가 섰던 오페라좌 꼴론 극장

한때 세계 3대 오페라좌 중의 하나라고 알려졌던 꼴론 극장. 이 극장은 사방 100m의 넓은 땅위에 지어진 2,490석짜리 극장이다. 큰 공연이 있을 땐 4,000석으로 확장되는 이 극장도 대통령 궁을 개조했던 건축가 프란씨스코 땀부루니가 1898년 설계를 했고, 1907년 건축가 훌리오 도르말에 의해 완공된 것이다. 대형 구조의 일층 로비는 이오니아식과 코린트식의 주두(柱頭) 위에 아치와 기둥이 있다.

디아길레프의 발레 루스가 이 극장에서 공연을 한 것은 당연한 것이다. 니진스키와 타마라 카르사비나, 니진스키와 안나 파블로바가 함께 공연을 했다는 것은 이미 기술한 바 있다. 러시아에서 자유를 찾아 서방으로 망명한 유명한 발레리노,

꼴론 극장.

루돌프 누례예프도 1980년대에 꼴론 극장에서 공연을 했다.

궁전과 같은 개인 저택과 공공건물들은 그 자체만으로도 위엄과 부의 상징이었다. 아베니다 데 마요 가, 디아고날 델 노르떼 가와 디아고날 델 수르에 가에 있는 건물들의 위용을 보면 당시의 다이나믹한 건축양식을 추측할 수 있다. 아베니다 데 마요 가에 있는 건물 중 가장 대표적인 것은 라 쁘렌사 (La Prensa)지의 건물일 것이다. 이 신문사의 건물은 예술적인 건물을 이야기할 때 빼놓을 수 없는 것이다.

부에노스아이레스의 일간지 「라 쁘렌사」는 1896년에 호세 빠스(Jose C. Paz)가 창간한 신문인데, 페론의 대통령 1기 집권 때 대정부 비판을 심하게 한다는 이유로 정부가 1951년 몰수를 했다가 페론이 실각한 후 1956년 2월 3일 반환되었다.

이 신문사는 창간 100년을 넘기지 못하고 1992년 매각되었고 건물 또한 가인사 빠스(Gainza Paz)가 1993년 부에노스아이레스 시립 은행에 매각했다. 시립은행이 이 건물을 부에노스 아이레스 시청에 임대하면서 매입 옵션을 주었다. 문화적, 건축적 가치를 지니고 있는 건물이 보존될 수 있는 길이 그렇게 열리게 되었다.

이 건물은 기념비적이다. 우선 아르헨티나에서는 유일하게 파리 오페자좌와 몬테카를로의 카지노 건물을 지은 유명한 프랑스 건축가 가르니에의 건축 스타일과 같은 외관을 가지고 있고, 내부 장식은 그 시대의 장식 예술의 풍요로움을 보여주고 있다.

이 건물의 설계는 파리의 엘꼴 데자르(L'Ecole des Artes et Manufactures)에서 공부한 아르헨티나의 건축가 가인사와 아고떼 두 사람이 담당했다. 건축 구조 계산과 건설 계산도 파리에서 했고, 900톤에 달하는 철 구조물도 프랑스에서 만들어져 들여온 것이었다. 건물 내에 설치될 인쇄 기계의 무게를 견디기 위해서는 900톤이나 되는 철 구조물이 필요했던 것이다. 건물 외관도 파리에서 기획되고, 실제 대지에서 적용된 것이다. 내장재는 물론 건물의 철 구조물도 온통 프랑스에서 만들어졌는데, 이 철 구조물은 봉 마쉐(Bon Maché)와 1889년 파리 만국박람회 기계전시장 건물 그리고 파리 그랑 팔레 같은 건물을 건축한 전통을 가진 회사인 모쌍 로랑 싸비(mausant, Laurent Savey et Cie)사가 제작을 했다. 난방은 스위스 제네바에 있는 삐엠므 뿔리프(PM Poulife)사가, 엘리베이터는 뉴욕의 스파녀(Spargne)사가, 모자이크 부착은 불랑데(Boulander)사가,

내부 장식은 프랑스 회사가, 시계는 폴 가르니에(Paul Garnier) 사가, 조명 기구는 뿌떼(Puthet)사가 제조 공급했다. 한 마디로 세계적으로 인정받는 회사들이 만든 제품으로 건설한 최고의 건물이라는 것이다.

건물 위에 올려진 등은 약 4,000kg이나 나가는 청동 입상이다. 아베니다 네 마요 쪽의 주탑(塔) 위에 등이 올려져 있는데, 이 아테나 여신상은 왼손에 신문을 들고, 가슴은 자유의 여신상의 이미지를 하고 있다. 들라크로아의 마을로 가이드하는 자유의 이미지이다. 오른쪽 손에 전기 횃불이 들려져 있는데, 이것은 모든 지평을 비추는 자유를 표현한 것이다. 프랑스의 조각가 모리스 부발(Maurice Bouval, 1863~1916)이 만든 이 조각은 생각을 대표하는, 모든 지혜와 예술의 신 아테나를 표현한 것이다. 이 조각이 프랑스에서 제작되어 1898년 11월 8일 부에노스아이레스로 옮겨왔는데, 이것이 주탑 위에 올려질 때 구경꾼이 약 2만 명이나 모였다. 4,000kg짜리 조각을 50m 높이에 올리던 것이 당시 장비도 없던 시절에는 큰 구경거리였던 것이다.

고급 삶과 비싼 죽음이 있는 동네 레꼴레따

레꼴레따 지역에 있는 개인 궁들도 바로 그 부와 영화(榮華)의 날의 상징이다. 레꼴레따는 부에노스아이레스에서 가장 격조 높은 지역 중 하나이다. 레꼴레따는 '정신적인 묵상을 하러 가는 장소'라는 뜻이다. 이곳은 부에노스아이레스의 가장 오래된 지역 중의 하나이면서 가장 최신의 패션과 문화와 밤 문화가 있는 곳이기도 하다. 1580년 정복자 가라이가 그린 당시 부에노스아이레스 도면에 몬떼 그란데라는 곳이 있었다고 앞에서 언급한 바 있다. 지금의 대통령 궁(당시 정복자의 거처)에서 약 1.5km 정도의 거리에 있던 몬떼 그란데 지역은 악당들이 우글거렸던 곳이고, 프란씨스코파 신부들이 교회를 짓고, 아주 검소한 수도원을 지었던 곳이다.

이곳이 주거지로 전환되기 시작한 것은 1830년대의 일이다. 기차가 놓이고, 1871년 콜레라와 황달이 창궐하면서 부촌이던 산 뗼모 지역에 살던 부자들이 도시를 탈출하여 거주자가 없던 이 지역으로 모여들게 되었다.

고급 동네 레꼴레따가 더 유명해진 것은 호화주택 옆에 초호화 묘지 레꼴레따가 있기 때문이다. 최고급 아파트에서 창을 통해 내려다보이는 죽음의 그림자. 그러나 그 그림자들도 화려하기 그지없는 대리석으로 지어진 유택(幽宅) 속에 있고, 부자들은 그 앞에 있는 고급 식당에서 맛있는 요리와 향기 좋은 포도주를 마시면서 죽으면 들어갈, 아니 어쩌면 너무 비싸서 들어갈 수 없을 것 같은 최고급 묘지를 쳐다보면서 자신의 현재와 영적 미래를 음미할 지도 모를 일이다. 사실 외국관광객들은 이렇게 고급 주거지 바로 옆에 묘지가 있다는 것을 신기해한다.

부에노스아이레스의 '죽음'이 있는 세 곳

부에노스아이레스에는 세 곳의 커다란 공동묘지가 있다. 차까리따 공동묘지, 플로레스 공동묘지, 그리고 레꼴레따 공동묘지가 그것이다. 차까리따 공동묘지에는 발레를 좋아하는 사람이면 누구나 다 기억하는 세계적인 발레리노 조르쥬 돈이 묻혀있는 곳이다.

누가 그를 프랑스식으로 발음하여 한국에 소개했는지 모르겠다. 비록 그가 스위스나 벨기에를 중심으로 활동을 하기는 했지만 그는 아르헨티나 사람이고, 아르헨티나에서 그의 이름은 조르쥬 돈이 아니라 호르헤 돈(Jorge Don)이다. 호르헤 돈의 강렬한 볼레로 춤이 땅고의 정열을 계승한 것은 아니었을까 하는 질문을 던져볼 수 있지 않을까 싶다. 아무튼 그는 차까리따 묘지에 묻혀있다.

100m×100m 크기의 블록이 100개나 되는 넓이를 가진 이 묘지에는 1만 개의 개인 납골당이 있고, 105개의 공동묘지, 9만 4천 개의 묘소, 30만 개의 묘 구덩이가 있다. 이 묘지에는 페론 대통령도 묻혀있고, 땅고의 황제 까를로스 가르델도 묻혀있다. 많은 예술품들이 이들의 유택들을 장식하고 있다. 미켈란젤로의 「믿음 *Piety*」의 복제품이 있는가 하면 루이스 페를로티, 뜨와노 뜨라니, 오를란도 빨라디노 등 조각가들의 진품 조각들이 이곳저곳에 전시되어 있다.

부에노스아이레스에 있는 세 곳의 공동묘지 중 가장 화려하고, 값 비싸고, 또 그곳에 있다는 것만으로도 사회적 계급이

증명되는 곳이 바로 레꼴레따이다. 이 레꼴레따 묘지는 1822년 가톨릭 국가인 아르헨티나에서 교회 내에 무덤을 쓰는 것이 금지되면서 당시 부에노스아이레스 주지사이던 베르나르디노 리바다비아가 수도원의 과수원에 북부묘지를 설치하면서부터 유래되었다. 현대와 같이 담이 쌓여진 것은 1881년이고, 그 후부터 많은 호화 장묘가 입주하기 시작했다. 1880년부터 1930년 사이에 상류 지배 계층의 묘지가 되어버렸다. 여기에 있는 유택들은 모두 이탈리아와 프랑스에서 수입한 대리석 등의 최고급 자재로 건립되었다. 약 4헥타르 정도의 넓이로 이루어진 이 묘지에는 6,400개의 가족묘가 만들어졌고, 그동안 260만 명이 묻혔다. 어느 정도 비쌀까? 1㎡ 당 2,500만 원 정도 한다. 20㎡를 점하고 있는 오르띠스 바수알도의 묘지는 5억 원에 해당한다.

레꼴레따 묘지는 금값

레꼴레따 묘지에 있는 대부분의 무덤은 국가지정 역사 기념물이 되어 있다. 왜냐하면 아르헨티나의 독립영웅과 위대한 대통령들의 무덤, 말하자면 아르헨티나의 역사를 증언할 사람들의 무덤이 많기 때문이다. 에바 페론의 무덤도 바로 이곳에 있다.

이 묘지 앞에 레꼴레타 문화원과 교회로 가는 소로는 페루의 여가수이며, 세계적으로 유명한 노래 「계피 꽃 *La Flor de Canela*」을 부른 차부까 그란다(Chabuca Granda)로 명명되어 있다. 옛날 프란씨스코 수도원이던 이 문화원은 국가 문화재로 지정된 건물인데, 1978년까지는 양로원으로 이용되다가 문화원으로 개조, 사용되고 있다.

그 문화원 앞쪽으로는 누에스트라 쎄뇨라 델 삘라르 대본당이 있다. 이 교회는 건축적으로 아르헨티나에서 가장 아름다운 것이다. 외벽에는 영국에서 온 이중의 종루 위 둥근 석조에 시계가 놓여져 있는데, 그 형식상으로 아르헨티나에서는 유일한 것이다. 주제단은 바로크 형식인데 페루의 쿠스코에서 온 은으로 만든 은판으로 씌워져 있다. 또한 그 내부에는 18세기 말 스페인에서 가져온 가장 값이 나가는 베드로 성인의 성상 조각이 있는데, 이 것은 1624년부터 1700년까지 살았던 세빌야의 최고의 조각가 뻬드로 롤단(Pedro Roldan)의 제자들 중의 한 사람인 뻬드로 데 메나(Pedro de Mena)의 조각이라고도 하고 혹은 알론소 카노의 조각이라고도 한다. 유물의 단에는 우르바노 성인, 빅토르 성인 환 아포스톨 성인 등의 유물이 있는데 이 제단은 청동과 자개와 상아로 장신한 마호가니 나무로 만들어졌다.

이들 유물들은 스페인의 까를로스 3세의 유지로 부에노스아이레스에 보내진 것이다. 이 성당에는 6개의 제단이 있는데 독일 바로크 형식이고 회색과 금장으로 되어 있으며 천사 모양은 모두 인디언 예술가들이 한 것이다.

이 성당의 정문 앞에는 커다란 잔디공원이 펼쳐지고, 건너편에는 파르테논 신전과 똑같이 생긴 건물이 보인다. 부에노스아이레스 국립대학 법과대학이다. 바로 앞 잔디 공원은 쁠라사 인뗀덴떼 알베아르로 불리는 광장인데, 주말이나 휴일에는 공예품 시장이 생기고 거리의 악사들이 많이 모이는 휴식 공간이 된다.

이 부근에 개인 궁으로 지어진 건물들이 많다. 한때 아르헨티나 외무성의 외국 손님 접견 장소로 쓰이던 산 마르띤 궁은 개인 궁의 대표적인 건물 중의 하나이다. 시내 중심가 산 마르띤 광장 옆에 자리 잡은 이 궁전은 아르헨티나에서 가장 영향력 있는 가문 중의 하나인 안초레나 가의 저택이었다. 안초레나 가의 최고 어른인 메르세데스 까스뗄야노 데 안초레나 여사는 세 개의 저택을 짓되 내부적으로 다 이어지면서 또 외부에서 보면 하나의 성과 같은 건물을 지어줄 것을 주문했다.

대리석 계단과 난간, 정교하게 만들어진 스테인드글라스로 된 창문, 엄청나게 큰 만찬장 그리고 파리 스타일의 풍족함이 엿보이는 건물은 유명한 건축가 알레한드로 크리스토페르손이 설계해 1912년 완공되었다. 궁 속의 세 개의 저택은 하나의 장엄한 현관을 공유하면서 또 각기 별도의 입구를 가지고 있다. 1936년 안초레나 가는 이 건물을 아르헨티나 외무성에 150만 뻬소(Peco)에 팔았고, 한동안 외무성으로 사용되다가, 현재는 격식이 필요한 공식 행사만 가끔 이 건물에서 열리고, 행사가 없는 시간에는 일반인에게 공개한다. 아르헨티나 북부의 콜럼버스 이전 시대의 유물과 중남미의 유명 화가들의 미술품이 전시된 소규모 박물관도 있다. 이 건물에 가보면 아르헨티나의 과두정치를 하는 사람들(Oligarchy)이 어떤 부와 호화로움을 누리고 살았는지를 알 수가 있다.

현재 조키 클럽(Jockey Club)으로 사용되는 건물은 운수에데 까사레스(Concepción Unzué de Casares) 여사가 살던 건물로 건축가 환 부치마소가 설계한 것이며 프랑스 대사관으로 사용되고 있는 아름다운 궁정은 프랑스 건축가 폴 파테르가 1913년 오르티스 바수알도 가족의 저택으로 설계한 것이다. 이 건물은 N대-부르본 스타일의, 전통적 파리 건축물 형태이다. 이외에도 현재 브라질 대사관으로 사용되고 있는 건물도 대목장 주인이었던 셀레도니오 뻬레다의 저택으로 루이스 마르띤과 훌리오 도르말 두 건축가가 설계한 개인 궁전 형식의 대저택이다.

무모한 전쟁도 기념탑으로 남아

부에노스아이레스에는 영국과 연관된 두 개의 기념탑이 있다. 이 두 기념탑은 아르헨티나와 영국 간의 전쟁에 연관된 것이다.

레띠로(스페인어로 '철군'의 뜻이다) 역(驛)은 산 마르띤 궁에서 지척에 있다. 그 역 앞에 커다란 공원이 있고, 그 공원 안에 영국탑이 있다. 이 탑은 1910년 영국의 르네상스 스타일로 암브로데 포이터(Ambrode Poyter)가 만든 것인데, 자재와 숙련기술자들을 모두 영국에서 데려와서 만든 것이다. 높이 70m의 탑은

4면이 시계탑으로 이루어져 있다. 영국이 아르헨티나를 침공했다가 철군한 것을 기념한 광장에 영국탑이 세워진 것이다.

한국 사람들은 포클랜드 전쟁이라고 해야 아는 아르헨티나와 영국 간의 또 다른 전쟁. 아르헨티나 사람들은 포클랜드를 말비나스라고 부르고, 그 섬에 대한 영유권을 주장하기 위해 말비나스 전쟁이라고 부른다. 아르헨티나는 이 전쟁에서 패퇴했지만, 국가적 의지를 남겼던 전쟁이라고 해서 말비나스 전쟁 기념탑이 있다.

이 전쟁은 군사정부에 대한 신뢰가 떨어지자 당시 대통령이던 갈티에리 장군이 무모하게 포클랜드를 자국의 땅이라고 주장하여 영국에서 빼앗기 위해 일으킨 것이다. 영국의 당시 총리였던 대처 여사는 해군을 동원해 아르헨티나 군을 퇴치했다. 말비나스 전쟁 기념탑은 영국탑 맞은편에 세워져 있다. 두 나라 간에 치러졌던 상반된 성격의 두 전쟁과 그 기념탑이 마주보는 위치에 있다는 것이 역사의 아이러니처럼 느껴진다. 이 말비나스 전쟁 기념탑은 영원히 꺼지지 않는 횃불을 설치해두고 항상 군인 두 명이 보초를 서고 있다.

남미 대륙은 두 사람의 독립 영웅이 해방시켰다. 한 사람은 아르헨티나의 해방자 산 마르띤 장군이고 한 사람은 베네수엘라 사람으로 남미의 북부를 해방시킨 시몬 볼리바르 장군이다. 이 두 사람의 동상은 마치 콜럼버스의 동상이 중남미의 어디에 가도 세워져 있듯, 남미 어디에 가도 볼 수 있다.

해방자이자 독립의 영웅 산 마르띤 장군의 위대함은 독립

독립 영웅 산 마르띤.

영웅이면서도 독립 이후 더 이상 정치에 개입하지 않았다는 점이다. 그래서인지 아르헨티나에서 동상이 가장 많은 위인 중의 한 사람이다. 그의 동상은 부에노스아이레스 시에만 9개가 있다. 가장 대표적인 산 마르띤 장군의 동상은 1862년 중심가에 세워졌다.

시내 중심가 플라자 호텔 앞에 있는 산 마르띤 광장에 있는 말을 탄 산 마르띤 장군의 동상은 프랑스의 조각가 루이스 죠세프 듀마스가 조각을 한 것이고, 아르헨티나에서 말을 탄 조각으로는 최초로 만들어진 것이다. 동상이 광장으로 옮겨진 것은 1910년 5월 혁명 100주년 기념행사 때였다. 동상은 총 다섯 개의 조각으로 표현되어 있다. 전쟁에 나가는 장면, 전투하는 장면, 승리하는 장면, 귀국하는 장면, 그리고 산 마르띤 장군의 뒤에 있는 말에 타고 있는 모습 등을 각각 표현하는 다섯 개의 조각이다.

남미의 또 다른 해방자 시몬 볼리바르 장군의 동상은 리비다비아 공원에 위치하고 있다. 이 공원은 주말에 우표, 고서 시장이 서는 것으로 유명한 곳인데 신혼부부들이 결혼식을 올린 후 기념사진을 찍으러 오는 곳이기도 하다. 이 공원에 시몬 볼리바르 장군의 동상이 제막된 것은 1928년의 일이다. 아르헨티나 조각가 호세피오 라반띠가 조각한 것이다. 세 개의 석조 대리석 판 위에 승리의 아치가 하나 얹어져 있고, 기둥 중앙 양쪽으로 두개의 부조가 있는데 하나는 선서와 꽈야킬에서의 만남을 각각 상징하게 되어 있다. 가장 중심에 그리고 이 작품의 앞쪽으로 시몬 볼리바르의 동상이 놓여져 있다. 양쪽 끝에는 두 사람의 나신이 보이는데 이것은 영감과 영광을 표현한 것이다.

부에노스아이레스에는 약 2,000개의 기념탑과 동상들이 있다. 물론 사람들은 깨닫지 못하고 사는 수가 많지만, 정말로 많다. 가장 많고, 기념식이 가장 많이 열리는 동상은 독립의 영웅인 호세 데 산 마르띤 장군상이다. 시내에만 9개가 있는 독립 영웅 산 마르띤의 동상의 수를 바짝 추격하고 있는 것은 성모상이다. 부에노스아이레스 시에 7개가 있다.

1536년 부에노스아이레스를 처음으로 건립한 정복자 뻬드로 데 멘도사의 동상은 1957년에 세워졌다. 아르헨티나의 조각가 까를로스 올리바 나바르로의 작품인데, 특이한 것은 그 조각 뒤에 27명의 이름이 새겨진 기념탑도 있다는 점이다. 이 명단에 기록되어 있는 것은 모두 정복자 뻬드로 데 멘도사가 타고 온 기함 라 막달레나(La Magdalena)에 함께 타고 온 사람들의 이름이다. 그 중에는 8명의 여자 이름도 있다는 점 또한 특이하다.

어디서나 바다로 향해 세워진 콜럼버스의 동상

중남미 혹은 신세계에 대해 이야기할 때 빠지지 않는 인물이 있다. 바로 신대륙을 발견한 크리스토퍼 콜럼버스(1451~1506)다. 콜럼버스가 부에노스아이레스로 오지는 않았지만, 신세계가 모두 스페인 국왕에게 받쳐졌던 땅이기 때문에 중남미 어디에 가도 그의 동상이 있다. 스페인어로 꼴론이라고 불리는 콜럼버스. 부에노스아이레스에는 꼴론 공원과 꼴론의 동상이 있고, 그의 이름이 붙은 오페라좌 떼아뜨로 꼴론이 있다. 꼴론 공원은 정부 청사 뒤에 있는 공원인데, 그 공원에 콜럼버스의 동상이 서 있다.

이 동상은 아르헨티나 독립을 쟁취하기 위해 1810년 5월 25일에 일어난 5월 혁명의 100주년이 되었을 때 아르헨티나에 사는 이탈리아계 국민들이 100주년 기념 선물로 국가에 헌납한 것이다. 왜 이탈리아 이민자들이 이 동상을 헌납했을까?

크리스토퍼 콜럼버스가 아탈리아의 제노아 사람이었기 때문이다. 콜롬버스가 인도 가는 길을 찾기 위해 처음에는 포르투갈 왕에게 탐험을 건의했지만 받아들여지지 않았다. 그러다가 스페인의 이사벨 여왕의 승인과 지원을 받아 아메리카 대륙을 발견하고, 네 차례나 신대륙을 왕래했다. 신대륙 탐험에 나선 1492년 8월 그는 산타 마리아호, 니나호 그리고 핀타호 등 세 척의 함선에 선원 78명을 태우고 첫 항해를 시작했다. 처음으로 육지를 발견한 곳이 바하마에 있는 산 살바도르였고, 그날이 10월 12월이었다. 그래서 중남미에서는 이날을 인종의 날(신·구 대륙의 인종들이 만나는 날)로 정해 기념하고 있다. 남미 원주민들을 인디오라고 부르게 된 것은 이 당시 콜럼버스가 이 땅을 서인도로 착각했기 때문에 인디오, 즉 인도 사람으로 명명했기 때문이다.

이탈리아 산 하얀 카라라 대리석으로 조각된 콜럼버스의 동상은 이탈리아의 조각가 아르날도 소치(Arnaldo Zocchi)의 작품이다. 콜럼버스의 동상의 발아래에는 풍유적으로 만들어진 배가 있고, 선원들이 믿음(기독교 신앙)의 보호아래 문명과 과학과 수호신을 향해 배를 떠밀고 있는 이미지가 부조되어 있다. 어느 나라에 가더라도 콜럼버스의 동상은 항상 바다를 향하고 있는데, 부에노스아이레스의 콜럼버스의 동상도 바다를 향해 서 있도록 함으로써 그가 역사에서 이룬 위대한 발견을 음미하도록 하고 있다.

시내 곳곳에서 볼 수 있는 이런 풍부한 동상들에서 아르헨티나가 얼마나 풍부한 나라, 부유한 나라인가 하는 것을 읽을 수 있다. 리베르따도르 대로와 사르미엔또 가가 만나는 지점에 사르미엔또 전 대통령 동상이 세워져 있는데, 이 조각은 다름 아닌 프랑스의 조각가 로댕이 프랑스에서 제작한 것이다. 1911년 제막된 이 동상은 옛날 토후(土侯) 중의 한 사람인 로사스의 저택이 있던 자리에 서 있다.

레꼴레따 앞쪽 광장, 즉 알베아르 대로와 리베르따도르 대로가 만나는 지점에 알베아르 장군의 말을 타고 있는 동상이 있다. 조각은 장군 한 사람만 한 것이 아니라 일단의 군인들 가운데 그가 말을 타고 있는 한 조각 군이다. 알베아르 장군이 아르헨티나와 우루과이의 합동군을 지휘하면서 우루과이 독립을 위해 브라질 군에 대항해서 싸웠던 것을 기념한 작품이다. 이 조각 군이 값으로 따진다면 아르헨티나에 있는 예술품 중에서 가장 비싼 것 중의 하나일 것이다. 로댕의 수제자이자 세계적인 명성의 프랑스 조각가 앙트완 브루델의 작품이기 때문이다. 브루델은 이 조각을 10년 동안 작업해 프랑스 파리에서 전시했고, 프랑스 정부는 이를 국가적 기념물로 지정했었다. 1925년 프랑스 정부의 승인을 받아 아르헨티나로 가져와서 설치해, 아르헨티나의 문화유산이 되었다.

스페인의 중세 역사를 보면 영웅 엘 씨드(El Cid)에 대한 이야기가 있다. 그는 스페인의 부르고 지방 사람인데, 그의 본명은 로드리고 디아스 데 비바르이지만 그의 이름보다는 엘 씨드로 더 많이 알려져 있다. 부에노스아이레스에도 엘 씨드의 조각이 있다. 스페인의 세빌야 시에 있고, 또 뉴욕에도 있는 엘 씨드 조각의 복제품이다. 이 복제 조각 작업은 미국의 조각가인 안나 아이야트 헌팅톤이 했고, 조각이 세워질 기단은 아르헨티나의 건축가 마르띤 노엘이 설계했다. 기단석은 엘 씨드의 고향인 스페인 부르고에서 가져와서 사용했다. 부에노스아이레스에 있는 이 엘 씨드 조각과 역시 안나 하이야트 헌팅톤의 조각품인 뉴욕에 있는 잔 다르크의 조각은 여성 조각가가 만든 조각 중 가장 큰 것이라는 기록이 있다.

빨레르모 공원

부에노스아이레스 시에 있는 공원 플라자, 소공원 등은 550 개에 이르고 그 면적은 1,078헥타르에 달한다. 도시의 1/20이 걸을 수 있고, 아이들을 데리고 놀 수 있는 녹지 공원이라는 뜻이다. 세계 보건기구 WHO가 1인당 녹지 면적은 10㎡가 가장 이상적이라고 추천하고 있는데, 부에노스아이레스에는 일인당 녹지가 12㎡가 넘는다.

샤를르 타이스(Charles Thays)는 1890년 꼬르도바 주(부에노스아이레스에서 711㎞ 거리에 위치)의 공원 설계 입찰을 위해 아르헨티나에 왔었다. 그는 파리에서 이미 동료 앙드레와 봐드 볼로녀(Bois de Boulonge, 파리 서쪽에 있는 865헥타르 크기의 숲)를 리모델링한 조경전문가였다. 그가 아르헨티나에 왔을 당시만 해도 부에노스아이레스 시에는 습지가 많았고, 낮은 건축물이 많았다. 그가 아르헨티나에 와서 오늘 날 볼 수 있는 부에노스아이레스 시의 거의 모든 아름다운 공원과 호수들을 설계했다. 1934년 그가 부에노스아이레스에서 사망할 때까지 빨레르모 공원의 숲, 빨레르모 치코라고도 불리는 바리오 빠르케(최고 갑부들이 사는 지역)를 설계했고, 꼰그레소 광장(국회의사당 앞 광장), 오월의 광장과 정부 청사 주변 정비 등 대형 사업들이 거의 그의 손을 거쳤다.

왜 공원에 이탈리아 시실리의 빨레르모란 이름이 붙었을까? 이유는 이러하다. 부에노스아이레스가 정복자에 의해 건설되

빨레르모 공원.

었을 때 같이 도착한 한 선원의 이름이 빨레르모였고, 그는 시
실리 사람이었다. 그런데 그 선원이 정복자 중 한 사람의 딸과
결혼을 하게 되면서 시의 해안 쪽 땅을 샀고, 그 땅에 밀과 포
도나무를 심었다. 그리고 현재의 꼬로넬 디아스 대로와 살게
로 가 부근에 흑인 성자 사 베니토 성인 이름의 암자를 지었
다. 1830년대의 독재자 환 마누엘 데 로사스 장군은 빨레르모
의 땅 500헥타르를 사서 공원으로 만들어 지금까지 내려오고
있다.

문학으로 보는 부에노스아이레스

보르헤스는 곧 부에노스아이레스다

이 이야기는 호르헤 루이스 보르헤스(Jorge Luis Borges)로부터 시작되어야 할 것 같다. 부에노스아이레스에는 두 그룹의 문인들이 있다. 지역으로 대변되는 이들은 또 그들의 정치적인 성향을 나타내는 것이기도 하다. 보에도(Boedo) 문인그룹과 플로리다 문인그룹이 그것이다.

보에도라는 구는 생활수준과 주변 환경으로 볼 때 세상을 개혁했으면 하는 꿈을 가진 사람들이 사는 비교적 가난한 사람들의 동네였다. 이 지역에 모여 살던 문인들은 레오니다스 바를레따, 라울 곤살레스, 엔리께 곤살레스, 뚜뇬 리시오, 구스

타보 리시오 등이다. 이들은 낭만주의적 사회주의자들이었다.

이들과 반대되는 그룹의 사람들, 즉 플로리다 문인그룹에는 호르헤 루이스 보르헤스, 노라 랑해, 카를로스 마스뜨로나르디 등이 있었는데, 보수적인 전통주의자들이었다. 플로리다 문학 그룹의 대표적 인물 보르헤스는 부에노스아이레스 토박이이다.

아르헨티나는 아직 노벨 문학상을 수상하는 영광을 차지한 문학인을 배출하지 못했다. 그러나 스페인어 사용 권역에서 가장 저명한 문학상인 세르반테스 문학상을 수상한 사람은 몇 명 있다. 여러 번 노벨 문학상 수상 후보자에 올랐지만 한 번도 수상치 못한 보르헤스가 1979년 세르반테스 문학상을 받았고, 에르네스또 사바또가 1984년에 그리고 아돌포 비오이 카사레스가 1990년 수상을 한 바 있다.

시와 에세이 단편 소설만 쓴 보르헤스는 1899년에 태어나서 열다섯 살 때부터 스물두 살까지 가족과 함께 유럽에 가서 살았기 때문에 그는 완벽한 Bilingual(두 가지 언어의 구사자)이었다. 미겔 까네 시립도서관에서 10년 동안 근무했고, 문학지 편집위원으로 근무를 하면서 『서로 만나는 골목길의 정원』이라는 단편집을 낸 이후 세계적인 문호의 반열에 오른 사람이다. 1950년에서 1953년 사이에 그는 당달(눈뜬장님)이 되었다. 엘사 아스떼떼 밀란과 결혼을 하지만 얼마 지나지 않아 별거하고는 그 후 40년간 침모인 화니 여사와 산다. 말년에 항상 그의 지팡이 노릇을 해주던 제자 마리아 코다마와 재혼을 했다.

그는 부에노스아이레스 시의 카페 또르또니(Café Tortoni)와 식당 엘 뜨로뻬손(El Tropezón, 지금은 없어진 식당이나 이름이 참 재미있다. '우연히 부딪친다'는 뜻도 있지만 '스프에 넣은 빵조각'이란 뜻도 있다), 에델바이스, 런던 그릴, 다과점 쁘띠 카페와 엘 아길라, 리치몬드, 델 몰리노, 콜리세오 극장과 호텔 도라의 레스토랑 등에 잘 갔었다.

1946년도의 그의 작품 『죽음을 위한 한 방법』에는 알베아르 빨레스 호텔과 카페 도꼬, 산 마르띤 데 뿌르스 교회, 까를로스 뻴레그리니 광장, 레띠로 역, 발네아리오 시청이 언급되어져 있다. 1967년에 쓴 『부스또와 도메끄의 역사』라는 책에서는 꼬리엔떼스 가 1172번지에 있는 문인 마세도니오 페르난데스의 집과, 차까부꼬 공원에 있는 구멍가게, 고리티 가에 있는 한 작은 수도원, 꼴론 극장, 국회, 농업 엑스포장, 차까리따 묘지 등을 언급하고 있다. 그의 자전적 소설 『Aleph』는 가라이 가의 한 옛날 집의 지하실에 있는 비밀스런 물건에 대해 언급한다. 이렇게 작품 속에서 회자된 장소들에는 사람들이 몰리고, 몰려온 손님들은 마치 격조 있는 뽀르떼뇨가 된 것처럼 느끼니 그런 식당과 다과점은 자연히 유명한 곳이 되곤 했다.

보르헤스는 함께 커피 한 잔을 하면 온갖 테마를 다 얘기할 수 있는 이야기꾼이었다. 영화에서 땅고까지. 보르헤스는 곧 부에노스아이레스이다. 심지어 부정적인 것까지. 그는 도시 부에노스아이레스에 대해 "도시에서 삶이 박동하는 것을 느끼는 사람은 보르헤스가 느낀 것을 느낄 것이고……나는 부에노스아이레스를 느꼈다. 내 과거라고 믿었었던 이 도시는 나의 미래이고, 또 나의 현재이다. 유럽에서 산 날들은 하나의 신기루였고, 나는 항상 부에노스아이레스에 있었고, 또 부에노스아이레스에 있을 것이다"라고 말했다. 그는 정통적인 교육을 받았고, 도시에서 성장했음에도 불구하고 페론과 포퓰리즘을 외치는 페로니즘을 찬양했었고, 그의 단편소설과 시와 수필은 도시의 하층민들의 삶에 초점을 맞추기도 했다. 아르헨티나에서 가장 유명했던 문인 보르헤스는 1986년 6월 스위스 제네바에서 별세해 그곳에 묻혀있다.

아르헨티나의 독특한 목동(가우초) 문학

사실 가장 아르헨티나적인 문학을 가우체스코 문학이라고 한다. 가우초(Gaucho)라고 하는 것은 아르헨티나의 목장에서 일하는 목동을 일컫는 것이다. 로미오와 줄리엣처럼 세계적으로 회자되는 문학은 아니지만 이 가우초 문학에서 가장 아르헨티나의 특성을 잘 나타낸 작품은 호세 에르난데스(Jose Hernandez)가 1872년에 쓴 서사시 「마르띤 피에르로 *Martin Fierro*」라는 것이다. 아르헨티나 목장의 목동들의 생활전통에 대한 것을 주제로 삼은 작품이다. 소설로서 유명한 것은 리카르도 구이랄데스(Ricardo Güiraldes)가 쓴 『*Don Segundo Sombra*』라는 로맨틱한 소설이 있다.

「피의 결혼」을 쓴 가르시아 로르까가 부에노스아이레스에 왔던 것은 이 책의 시작부분에 이미 언급한 바 있다. 1933년 부에노스아이레스의 펜클럽에서 오찬을 겸한 대담이 있었는데 이 대담에 노벨 문학상을 받은 칠레의 저항 시인 파블로 네루다도 참석했었다. 네루다는 당시 부에노스아이레스 주재 칠레 영사로 근무했었다. 이 두 사람은 이 자리에서 일종의 시 경연을 펼쳤다. 경연 주제는 니카라구아의 시인 루벤 다리오(Ruben Dario)였다. 니카라구아의 시인에 대해 칠레의 시인과 스페인 시인 간의 논쟁을 부에노스아이레스에서 들을 수 있는 것은 다소 황홀한 면이기도 하고, 중남미의 문화가 하나의 커다란 뿌리에서 뻗어 나오고 있음이 확인되는 장면이 아니었나 싶다. 그만큼 부에노스아이레스는 스페인어를 사용하는 문인들에게 있어서 풍부함과 다이나믹한 힘을 지닌 곳이었다는 것을 이들의 시 경연에서 입증되고 있다.

1983년 아르헨티나에 민주 정부가 들어선다. 급진당의 알폰신 대통령이 취임을 했다. 군부 시대에 금지되었던 젊음의 파티가 허용되었다. 아르헨티나의 유명한 음악가와 가수들이 루나 파크에 모였다. 이렇게 모일 수 있는 즐거움을 노래하기 위해 시가 읊어졌는데, 그 시는 이러했다.

나는 죽어있다. 나는 살해되어 있다.
그러나, 나는 다시 한번 살 것이다.
왜냐하면 태양이 떴으니까.

이것이 파블로 네루다의 시이다. 칠레 피노체트 독재정권의 희생물이었던 저항적 시인 네루다의 시가 부에노스아이레스에서 높게 외쳐졌다.

라파엘 알베르띠(Rafael Alberti)는 스페인 출신의 시인이다. 그는 부에노스아이레스에서 25년간 망명 생활을 하다 1964년 로마로 가면서 이런 시구를 남겼다.

> 나는 이별의 피눈물이 고인 절망적인 눈들에게 나의 그림자를 남긴다.
> 강과 함께 슬픈 비둘기를 남기고 모래 태양 위에 말들을 남긴다.
> 나는 바다를 쳐다보기를 멈추었다. 나는 너를 보기를 멈추었다.
> 너 때문에 내 것이던 모든 것을 보는 것을 멈추었다.

라파엘 알베르띠는 1902년 스페인 까디스에서 태어난 시인이자 화가였다. 시인 가르시아 로르까가 제시한 한 가지 주제로 시를 써서 스페인 국가 시인 상을 받은 시인이었지만, 스페인의 초기 공화정 시대에 프랑스로 독일로 또 러시아로 떠돌아 다녀야만 했던 그는 1940년부터 1964년까지 부에노스아이레스에서 망명생활을 했고, 그 후 로마에 가서 1977년까지 망명생활을 하다가 스페인으로 돌아갔다. 그리고 1991년 떠난 지 25년 만에 미주 대륙발견 500주년 기념행사에 초청되어 부에노스아이레스로 다시 돌아왔다. 부에노스아이레스에 살면서 그는 20권의 책을 출간하고, 그림 전시회를 열었다. 스페인에서 와있던 작곡가 마누엘 데 파야와 함께 꼬르도바주의 알따 가르시아에서 살기도 했다.

그가 아르헨티나에 거주할 때 16년간 여권도 없이 지냈다. 그러나 그는 1957년 러시아 여행을 가서 레닌 상을 수상하고 부에노스아이레스로 돌아왔다. 여권도 없이 러시아로 떠났고, 또 그곳에서 배편으로 부에노스아이레스로 돌아왔다. 무국적의 여권도 없는 망명자였지만 여행도 할 수 있었고, 또 계속 머물러 살 수가 있었다. 아르헨티나는 그만큼 이민자들에게 후한 땅이었던 것이다. 그는 부에노스아이레스 시의 꼬리엔떼스 가에 있던 부에노스아이레스 극장에서 강연을 하면서 자신을 포용해준 부에노스아이레스라는 땅에 대해 "정말 큰 충격이었다. 너무도 크고, 그만큼 다양한 삶이 있는 곳이다"라고 말했었다.

빛깔 다른 삶이 있는 부에노스아이레스

라 보까, 땅고의 향기와 빛깔

라 레꼴레따 지역이 돈과 향기로운 삶이 있는 곳이라면 라 보까 지역은 땅고의 향기와 빛깔이 있는 지역이다. 대통령 궁이 있는 오월의 광장에서 그리 멀지 않고 한때 조선 수리소가 있던 지역이다. 이 지역의 집들은 이탈리아 베니스 앞에 있는 부라노 섬에서 볼 수 있는 것과 같이 집집마다 페인트칠을 해놓았다. 이탈리아 부라노 섬의 어부들은 멀리서 집을 식별할 수 있도록 배를 수리하고 남은 페인트로 칠을 했다고 한다. 라 보까도 조선소에서 남은 페인트로 집들을 얼룩덜룩 칠하고 살았던 지역이다.

1882년 한때 노동자들의 파업이 있고 나서 제노아 출신의 사람들이 맺은 협약에 서명을 하고, 이탈리아의 왕에게 제노바 독립 공화국을 건설했노라고 보고한 적이 있다. 콜럼버스가 제노아인이었으니 그들이 이 땅에 기득권이 있다고 생각을 했던 모양이다. 이 당시 아르헨티나의 대통령은 훌리오 A. 로까 장군이었는데, 그가 직접 이 라 보까 지역에 와서 제노아 사람들이 걸어놓은 제노아 국기를 떼어버렸다.

스포츠 팬들은 라 보까라는 아르헨티나의 유수한 축구단이 있는 것을 알 것이다. 이 라 보까는 항구이고 창고가 많은 지역이다. 그런데 이 지역의 가장 큰 특징은 양철판과 나무판자로 지은 집들이다. 집집마다 색을 칠한 것도 라 보까 지역의 특별한 볼거리가 되었다. 그 지역에 살던 이민자들은 대부분 가난하여 페인트를 살 수 없어서 조선수리소에서 남는 페인트를 얻어다가 그 페인트 양만큼 색깔을 칠하다 보니 한 집에도 여러 가지의 색이 칠해지게 되었고, 이는 그 이후 대중적인 건축 요소가 되었던 것이다.

또 하나의 특징은 수도원이라는 단어에서 유래되어 꼰벤띨요(작은 수도원의 뜻)라는 이름의 주택이 생겨난 것이다. 꼰벤띨요는 우리나라의 쪽방에 해당한다. 여러 국적의 이민자들이 사는 방을 빌려주는 현상이 있었는데, 수도사들이 사는 삭막하리만큼 검소한 작은 방에 온 가족이 사는 꼰벤띨요 식의 거주가 라 보까에서 처음 시작되었던 것이다.

이 지역은 인형극장들이 처음으로 문을 연 곳이다. 라 보까

라 보까의 땅고부조.

가 예능적으로 싹이 트기 시작된 것은 바로 인형극장들과 땅고의 탄생 때문이다. 1896년 시실리와라는 인형극 극장이 문을 열었고, 인형극장의 전통은 아직도 이어지고 있다. 라 보까 지역에 살던 이민자 속에는 그 유명한 해운왕 아리스토텔레스 오나시스도 있었다. 그의 이름은 아직도 부에노스아이레스 시 전화번호부에 등재되어 있다.

역사적으로 이 지역에 연관된 인물이 또 한 사람 있다. 이탈리아 제노아 사람 레온 빤깔도인데, 이 사람이 아르헨티나에 노예무역을 최초로 연 사람이다. 부에노스아이레스가 처음으로 뻬드로 데 멘도사에 의해 건설되었을 당시 이곳에 배를 정박하고, 흑인 노예를 데려 왔고, 그 당시에 자신이 가져온 물건들을 외상으로 팔기도 했던 사람이다. 그는 1539년 인디언 마을 탐험에 나섰다가 1540년 죽었는데, 그의 시신은 현재 부엘따 데 로챠라는 작은 광장에 남아있다고 한다. 라 보까는

1948년부터 국가역사지역으로 되어 있다.

라 보까에는 까미니또(Caminito, 소로)라는 길이 있다. 「까미니또」라는 이름의 땅고 노래는 땅고의 발상지인 라 보까 항구 지역의 표상적 노래가 되었다. 이 노래는 가비노 꼬리아 빼냘로사가 가사를 썼는데, 그는 원래 자신이 살던 라 리오하 지역에서 자기 동네의 기억을 시로 쓴 것이었다. 땅고의 황제 까를로스 가르델이 노래해 1926년과 1927년 두 번이나 아르헨티나에서 취입을 했고, 1928년에는 프랑스 파리에서도 음반으로 판매되었다. 라 보까에서 태어난 유명한 땅게로(땅고음악가)이자 「까미니또」라는 곡을 작곡한 환 데 디오스 필리베르또를 기리기 위해 1954년 새로 난 길을 땅고 노래의 제목과 같은 까미니또라고 명명했던 것이다.

세월이 지운, 언젠가 우리 함께 지나 간 것을 본 길, 내가 마지막으로 왔다. 내가 나의 아픔을 너에게 말해주러 왔다. 그때 꽃핀 자운영과 등심초가 둘러싸여 있던 그 길. 곧 하나의 그늘이 되겠지, 나처럼 하나의 그림자가……

라 보까 지역에도 골동품과 중고품을 파는 가게들이 많이 밀집해 있다. 또한 까미니또 가 주변으로 그림과 조각 등을 파는 예술품 난전, 페리아 데 까미니또(Feria de Caminito)가 매일 선다.

1905년 롤리스 광장의 나무 아래 몇몇 젊은 친구들이 모여

토론하면서 축구단을 하나 만들자고 결정했다. 처음에는 아르헨티나 국기 색깔인 하늘색으로 팀의 선수복을 하기로 했지만 나중에는 하늘색과 흰색을 수직으로 넣기로 했다. 창단에 뜻을 모은 친구들이 축구단 제복의 색깔을 정하는 것으로 선택한 방법은 우연성의 법칙이었다. 바로 그 앞의 리아추엘로 강으로 제일 먼저 지나가는 배의 색깔을 단복의 색깔로 정하기로 했던 것이다. 그 때 마침 지나가는 배가 노르웨이 배였다. 이 배가 하늘색 바탕 위에 금색 십자가를 그은 국기를 달고 있었다. 그 결과 축구단은 그 색깔을 가지게 되었다. 그리고 1901년에는 이미 다른 축구 클럽도 생겨나 있었는데, 그것이 리버 플레이트(River Plate)였다. 라 보까(La Boca)라는 이름의 이 축구단은 1919년 처음으로 챔피언이 되었고, 신화는 그때부터 시작되었다. 라 보까는 프롤레타리아 계층을 대변하는 축구단으로 리버 플레이트는 중산층을 대변하는 축구단으로 영원한 경쟁관계에 들어간다.

라 보까 주니어 팀의 축구장은 1924년부터 아르헨티나에서 거주하게 된 슬로베니아의 건축가 빅토르 술식(Victor Sulcic)의 작품이다. 이 이민 온 건축가는 아르헨티나의 대표적 축구팀의 축구장뿐만 아니라 중산층 거주의 아바스토 지역에 있는 우리나라의 가락시장과 같은 대형 채소시장(메르까도 아바스또) 건물도 설계를 했었다.

축구는 삶이다

최근에 축구 신동 마라도나가 약물 과용으로 생명이 위험하다는 소식이 있었다. 브라질의 축구 영웅은 세계 축구계의 인물이 되어있는데, 아르헨티나의 축구 영웅 마라도나는 마약 중독자가 되어 있다는 것이 상당히 대조적이고 또 가슴 아픈 일이다.

스포츠에 대해서 이야기한다는 것은 그 나라 사람에 대해 이야기하는 것이고, 그 나라 사람의 열정에 대해 또 그들의 우상에 대해 이야기하는 것이 아닌가 싶다.

부에노스아이레스의 스포츠에 대해 이야기를 하자면 보르헤스나 가르델이나 에비타에 대해 말하듯 얘기할 수 있는 사람이 많을 것이다. 이민의 국가 아르헨티나는 스포츠도 이민과 연관되어 있다.

1900년대 초 부에노스아이레스가 이민 중심지가 되면서 스포츠도 함께 들어왔기 때문이다. 영국계는 축구·하키·크리켓·테니스를, 스페인 사람들, 특히 바스크족들은 각종 구기를, 이탈리아인들은 비행기·자동차 경주 그리고 펜싱을, 프랑스출신들은 자전거와 복싱을 즐겼다. 축구 붐이 일기 전에 부에노스아이레스에서는 바스크식 공놀이가 유행이었다.

아르헨티나 특유의 스포츠는 폴로이지만, 축구는 아르헨티나 사람들의 삶이다. 아르헨티나에서 말을 타고 하는 폴로 경기는 유명하지만 누구나 쉽게 즐길 수 없는 고급 취향의 운동이었다.

축구는 아르헨티나 사람들의 일상 대화의 주제이고 신문들의 주된 보도 아이템이기도 하다. 축구에 대한 열정은 마치 노동자들의 총파업처럼 생산 중단이라도 할 수 있는 동인이 될 정도의 위력을 가지고 있다.

말하자면 아르헨티나에서의 축구는 단순히 스포츠로서의 축구만이 아니라 경제적, 노동적, 정치적, 철학적 그리고 사회적인 무게가 있으며 또 범죄적인 요소가 되기도 한다. 축구 스타가 수천만 달러에 계약되는 것을 보면 축구가 얼마나 경제적인 가치를 지니고 있는가를 알 수 있다.

1976년 10월 20일 축구 신동 디에고 마라도나는 열다섯 살 때 프로 축구 1부 리그에 데뷔했다. 그가 뛴 축구장은 아뜰레띠가 아르헨티노스 쥬니어스(La Asociacion Atletica Argentinos Juniors) 축구장이었다. 이 축구 클럽은 20세기 초에 개장된 것이었다. 현재 부에노스아이레스 시에는 6개의 1부 리그 팀이 있다. 보까 주니어스(Boca Juniors), 우라깐(Huracan'), 누에바 치까고(Nueva Chicago), 리버 플레이트, 산 로렌소 데 알마그로(San Lorenzo de Almagro) 그리고 벨레스 싸르스필드(Velez Sarsfield) 등이 있고, 대 부에노스아이레스 위성도시에 다른 6개 팀이 있다. 매년 3월에서 겨울이 시작되는 12월까지 경기를 펼치는데, 이 열두 팀의 경기는 매주 우리나라의 토토와 같은 경기 결과를 알아 맞추는 복권 쁘로데(Prode)의 대상이 된다. 아르헨티나 사람들이 쁘로데를 사는 것은 아주 일상적인 일 중의 하나이다.

마떼(Mate), 사회적인 음료

아르헨티나 특유의 전통 중 하나로 마떼라는 것이 있다. 마떼는 조그마한 통에 마떼 잎을 넣고 물을 부어서 봄빌야라고 불리는 빨대로 빨아 마시는 일종의 차인 셈이다. 마떼 통과 마떼 빨대는 하나인데, 사무실 사람들이 모두 돌아가면서 함께 마신다. 한 사람이 빨아 마시고 나서 더운 물을 부어서 다음 사람에게 마시라고 주는 것이다. 남이 빨던 빨대를 그냥 사용하여 마신다는 것이 그런 관습을 가지지 않은 사람에게는 약간 찜찜하게 느껴질 것이다. 다소 비위생적이라는 생각도 들어 함께 마신다는 것이 떨떠름하게 느껴지기도 한다. 그러나 사회적·심리적인 측면에서 보면 마떼를 돌아가면서 함께 마시면서 동질감과 우의를 느낄 수 있다. 실제로 마셔보면 마떼의 맛 자체도 약간 떨떠름하다. 마떼는 혼자서 마실 수 있긴 하지만 기본적으로는 함께 나누면서 마시는 차로 그 의미는 바로 "당신을 친구로 생각하고 환대한다"는 것이다. 마떼는 식당 메뉴에서는 발견되지 않는 차이다. 그러면서도 아르헨티나 사회에서 가장 중요한 '사회적인 음료'라고 할 수 있다. 마떼라는 말은 케추아 인디언의 말 Mathi라는 것에서 나왔는데 '작은 호박'이라는 뜻이다. 이 작은 호박이 말하자면 마떼를 마시는 통이고, 그곳에 에르바 마떼(yerba mate)라고 하는 마떼 잎을 넣고 더운 물을 부어서 빨아 마시는 것이다.

일반 찻잔에 마떼 잎을 넣고 뜨거운 물을 부어서 마시는 차를 '익힌 마떼(Mate cocido)'라고 부르고, 빨대로 빨아 마시는 전통적인 마떼를 마떼 꼰 봄빌야, 즉 '빨대로 마시는 마떼'라고 부른다. 마떼 마시기는 브라질과 파라과이, 우루과이에도 있는 관습이다. 좋은 마떼 잎에서는 비타민 A와 B1, B2, C, 인, 철분과 칼슘이 들어있다고 한다.

우리나라에도 한 10년 전 마떼 차가 소개된 것을 봤는데, 이것은 마떼 잎을 우려 마실 수 있게 티백 형식으로 만든 것이었지, 아르헨티나에서 마시는 식의 마떼 꼬시도(찻잔에 잎을 직접 넣은 마떼)도 아니었고, 마떼 꼰 봄빌야(빨대로 마시는 마떼)도 아니어서 아르헨티나 사람들이 마시는 전통 습관의 이미지를 전혀 전달하지 못했다.

아사도(Asado)와 빠릴야다(Parrillada)

아르헨티나에는 소가 몇 마리나 있을까? 대략 일인 당 두 마리 정도인 6천만 마리 정도가 있다. 이런 덕분일까. 부에노스아이레스에스에서 다양한 소고기 요리를 싼값에 즐길 수 있다.

아르헨티나에서 가장 대중적으로 또 가장 아르헨티나에 맞게 먹는 것이 아사도와 빠릴야다라는 것이다. 아사도라는 것은 소갈비에 양념을 하지 않고 소금만 뿌려서 은은한 숯불에 몇 시간 동안 구워서 먹는 요리이다.

빠릴야다라고 하는 것은 고기 구운 것뿐만 아니라 각종 내장, 송아지의 췌장, 곱창, 소의 고환, 모르실야(선지 소시지), 콩

팥 등을 함께 석쇠에서 구워서 숯불 화로에 석쇠를 놓아서 식
탁으로 가져다주는 요리를 말한다. 초리소라고 불리는 양념이
된 크고 굵은 소시지는 한국인의 입맛을 당기는 것 중 하나이
다. 이것은 빠릴야다나 아사도를 시키면 항상 같이 나오는 음
식이다. 양고기를 통째로 불 주위에 세워서 굽는 아르헨티나
파타고니아 지방의 농장의 관습도 상품화되어 도시 한복판 식
당에서 양을 통째로 굽는 것도 볼 수가 있다.

그 많던 인디언은 다 어디로 갔을까?

중남미 어디를 가도 인디언의 흔적이 보인다. 또한 많은 중
남미 사람들은 인디언과 백인의 혼혈인 메스티소(Mestizo)이다.
그런데 유독 부에노스아이레스에는 그런 흔적이 거의 눈에 띄
지 않는다. 1873년 인디언 추장 칼푸꾸라(Calfucura)가 죽고 나
서 아르헨티나 정부 내에서 최후의 인디언들을 쓸어버리자는
주장이 제기되었다. 당시 이 주장을 한 사람은 국경 총사령관
훌리오 아 로까 대령이었고, 그가 빠따고니아에서 야만을 몰
아내고 거대한 땅을 목축에 사용하자는 계획서를 정부에 제출
했다. 1878년 작전이 시작되었고, 인디언 청소 작업은 3개월
만에 완성된다. 인디언들은 정복당했고, 당시 군이 포로로 잡
은 인디언의 숫자가 일만 명에 달했다. 위험인자로 분류되는
사람들은 마르띤 가르시아로 추방되었고, 여자들은 부에노스
아이레스의 가정에 식모로 보내졌다.

당시 부에노스아이레스의 북부와 북서부 국경 군 사령부는 후닌(Junin) 시에 있었는데 이곳이 후에 에비타가 어린시절을 보낸 곳이다. 그 국경지역에 후에 세계적인 문인이 되는 호르헤 루이스 보르헤스의 할머니(영국계)가 살았다. 1850년 말의 어느 날 눈이 파랗고 머리가 붉은 인디언 여자를 발견했는데, 이 포로가 보르헤스의 할머니에게 투박한 영어로 자기가 납치되어 갔던 영국인 소녀였다는 이야기를 해주었다. 보르헤스의 할머니는 그녀를 옆에 두고 같이 살려고 했지만, 소녀는 자신은 현재로서 만족한다면서 어느 날 저녁 훌쩍 사막으로 돌아가 버렸다.

필자가 부에노스아이레스에서 외교관 시절 세계적인 문인 에르네스또 사바또의 집을 방문했을 때 그는 『이단 *Heterodoxia*』이라는 책을 내게 선물했다. 책의 제목에서 보듯 그는 사상적으로 주목받던 문인이자 수학자이자 화가이기도 했다. 그는 문인으로서도 유명하지만, 1976년부터 1983년까지의 군사정부 시절에 희생되거나 실종된 사람들을 조사한 보고서 「결코 그런 일이 없어야 *Nunca Más*」의 코디네이터로 활동하면서 더 많이 알려지게 되었다.

인종전시장

아르헨티나의 대학생들은 시험이 있는 날이면 학교로 향하는 길에 시내를 배회하는 경우가 많다. "흑인을 봐야 재수가 좋아서 학점이 나올 수 있다"는 일종의 미신 때문이다. 반면에 멕시코에서는 길에서 꼽추를 보면 재수가 좋다고하여 꼽추를 만나면 등을 한 번 쓰다듬는다고 한다. 물론 지금 멕시코에 가서 꼽추에게 그런 행동을 한다면 모욕을 느끼는 사람도 있을지 모르지만 그런 풍습이 있는 것만은 사실이다. 이렇게 나라마다 행운을 가져다 주는 미신이 다를 수 있다. 부에노스아이레스에서는 흑인이 귀해서 그런 믿음이 있는 모양이다.

아르헨티나는 이민자의 나라이기 때문에 정말 갖가지 인종이 모여 산다. 인구의 다수를 차지하는 스페인인과 이탈리아인뿐만 아니라 영국인, 아일랜드인, 독일인, 우크라이나인, 유고슬라비아인, 크로아시아인, 중국인, 한국인, 일본인, 유대인 등 종족 전시장 같은 곳이다.

유대인 인구는 현재 한 20만 명 정도 되고, 주요 상업 지역인 온세(Once) 지역의 상권을 과거에는 유대인들이 다 장악하고 있었다. 섬유산업, 보석, 금융 등 유대인들이 진출하지 않은 분야는 없다. 1992년과 1994년 온세 지역에서 두 번에 걸쳐 유대인에 대한 테러 행위로 모두 116명이나 죽었다. 일본인 사회도 한국인 사회처럼 한 3만 명 정도가 있다. 아랍계는 유대인 사회처럼 그렇게 크지는 않지만 까를로스 메넴처럼 대통령까지 지낸 영향력 있는 인종이 되었다. 유대인들이 장악했던 온세 지역의 상권은 한국인들에게 넘어왔다. 파라과이, 볼리비아 등 인근의 후진국에서도 많은 이민자들이 와서 대부분 하층 계급을 형성하고 있다. 페루 사람들은 꼰그레소(의회)

부근에, 파라과이 사람들은 꼰스띠뚜시온 지역에, 볼리비아 사람들은 누에바 뽐뻬야 지역에 주로 살고 있고, 한국인들은 109촌 부근에 살고 있다.

109촌은 한국인들의 슬픈 추억이 묻혀있는 곳이다. 이 곳의 공식이름은 대통령 이름을 딴, 바리오 쁘레지덴떼 리바다비아이다. 그런데 한국 사람들은 바리오 쁘레시텐떼 리바다비아라고 하는 것의 뜻도 잘 모르겠고, 잘 기억도 되지 않으니, 그 마을로 가는 버스 번호인 109번을 붙여 109촌이라고 불렸고, 그 지역이 한국 이민자들의 집결 지역이 되었다. 과거에는 허름한 블록 집들이 밀집해 있는 곳이었다.

1960년대 한국인의 아르헨티나 이민 초기에 한국적인 눈으로 보면 수세식 화장실에 냉장고를 두고 사니 근사할 수도 있는 것이었지만 그 사회에서는 하층민의 틀 속에 있는 집들이었다. 현재는 그곳에 살던 한국 사람들 대부분이 돈을 벌어서 다른 곳으로 옮겨갔지만 한때는 모든 한국계 이민자들이 109촌을 거쳐서 나갔다.

그런데, 흑인들은 왜 그렇게 보이지 않았을까? 한때 부에노스아이레스 인구의 1/3이 흑인이었던 시기가 있었다. 역사학자들은 흑인 인구가 급격히 준 것에 두 가지 이유를 붙인다. 하나는 19세기 파라과이와의 전쟁에서 최일선에서 많이 희생되었다는 것, 또 하나는 황달과 콜레라가 창궐했을 때 사람들이 많이 사망한 것이다. 흑인과 백인의 혼혈이라고 미스터 초콜릿으로 불려진 베르나르디노 리바다비아 대통령까지 배출

했던 흑인사회가 거의 사라져버리다시피 한 것에 대해 일부에서는 조직적인 통계 누락을 이유로 들기도 한다.

아르헨티나의 통계 자료에 아주 애매한 인종으로 뜨리게뇨(trigueño), 즉 밀의 색깔의 피부색을 가진 인종이라는 항목을 넣고 있다. 말하자면 흑인이라는 색깔의 분류를 없애고 밀의 색깔(wheat colored)이라는 어중간한 인종색깔을 만들어 조직적으로 누락하고 있다는 것이다. 그러므로 부에노스아이레스에서 흑인이 없어진 것이 아니라 잊혀진 것이라는 주장과 설이 있다. 아무튼 백인이 주류를 이루는 아르헨티나 사회에서는 흑인을 보면 재수가 좋다는 미신이 있을 만큼 흑인이 귀하다.

부에노스아이레스의 삶을 살찌우는 명물들

프랑스에서 온 명문가

부에노스아이레스 시에서 가장 긴 길은 리바다비아라는 길이다. 총길이가 16㎞에 이른다. 이 길은 1826~1828년 당시 대통령이었던 베르나르디노 리바다비아의 이름을 붙인 길이다. 부에노스아이레스의 대부분의 길은 이렇게 역사와 연관된 인물의 이름을 가진 것이다.

리바다비아 대통령은 연방 수도 부에노스아이레스 시를 확장할 계획을 세웠다. 이런 확장 계획은 부에노스아이레스 주의 대지주들, 예를 들면 후에 대통령을 지내는 환 마누엘 로사스나 대지주 니콜라스 안초레나 등 대토지 소유자들이 자신들의 소유지를 갉아먹는다는 이유로 이에 반대를 한다. 말하자면 국가적인 사안이 개인의 이익과 충돌을 하는 것이었고, 이것은 또 부에노스아이레스 시와 부에노스아이레스 주 간의 충돌이 되었던 것이다. 1820년대 당시 아르헨티나는 많은 이민을 받아들이는데, 상당히 유명한 사람들도 많이 온다. 1828년에는 리바다비아 대통령과 직접 계약을 하고 프랑스에서 찰스 앙리 뻴예그리니라는 토목기사 겸 화가가 이민을 온다. 그의 가문은 아르헨티나에서도 명문이 된다. 그가 그린 수채화와 석판화 스케치, 특히 마르끼따 산체스 여사(부에노스아이레스 시장이었던 거부 산체스 데 발라스꼬의 딸로 그 시대 최고의 엘리트, 자유주의 여인)가 아들들에게 둘러싸여있는 초상화는 그를 더욱 유명하게 만들었다. 그리고 화가의 아들 까를로스 뻴예그리니는 후에 아르헨티나의 대통령이 되었다. 오벨리스끄가 있는 7월 9일 가와 나란히 가는 옆길이 바로 이 가문이 배출한 까를로스 뻴예그리니 대통령의 이름이 부여된 길이다.

그 당시에 이민 온 유명한 외국인은 나폴리에서 온 뻬드로 데 앙헬리스였다. 그는 나폴레옹의 여동생 까롤린 보나빠르떼 그의 남편이자 나폴레옹의 신임을 받던 부관 무라트가 나은 자녀들의 개인 교사였다. 데 앙헬리스는 부에노스아이레스에 교육기관인 엘 아떼네오를 설립하고 교육자로 활동을 하지만, 정치적으로는 독재자 로사스의 업적을 찬양하는 시인이라는 오명도 쓰게 된다.

오늘도 전차는 달린다

부에노스아이레스에는 아직도 전차가 다니고 있다. 1962년까지 부에노스아이레스에 매일 전차가 다녔다. 전차가 없어진 후에도 도시 곳곳에는 아직도 선로가 남아있다. 그 선로들이 전차에 대한 향수를 불러일으킨 것이었을까? 1980년 전차 동호협회가 포르투갈에서 1927년형 전차를 한 대 수입하여 주말마다 운행을 하기 시작했다. 에밀리오 미뜨레 가와 디렉또리오 대로에서 출발하여 약 15분 동안 리바다비아 대로, 오르뗴게라 가와 디렉또리오 대로를 오가는 제한적인 운행공간이긴 하지만 그 전차 운영이 부에노스 아이레스 사람들의 전차에 대한 향수를 해소시켰고, 1983년에는 역시 포르투갈에서 8대를 더 수입해서 운행 대수를 늘렸다.

일요 골동품 시장

일요 골동품 시장도 부에노스아이레스의 명물이다. 사실 역사적인 시각에서 보면 골동품 시장에선 이중적인 시간 개념이 느껴진다. 골동품에 담긴 세월과 그 골동품이 앉은 땅의 역사의 개념이 있기 때문이다.

일요일마다 골동품 시장이 서는 산 뗄모 지역의 도레고 광장(La Plaza Dorrego) 부근은 식민 시대부터 부와 권력이 몰려 있던 땅이었다. 일요일이면 온 거리에 골동품 난전(亂廛)이 생겨 손님들을 유혹한다. 부에노스아이레스 최대의 관광 명소 중의 하나이다. 이 산 뗄모 골동품 시장이 명소가 되다보니 그 부근에 있는 레사마 공원에 공예품 난전(Feria del Parque Lezama)도 일요일마다 열리게 되었다.

현재 골동품 거리가 된 산 뗄모 지역은 역사가 오래된 마을이다. 대통령 궁에서 700-800m밖에 떨어져 있지 않은 이 지역은 스페인 정복자들이 이룬 상류 계급의 거주지로 조성된 곳인데, 당시 성 뻬드로 뗄모 성당을 중심으로 이루어졌었다. 그 주변 마을을 과거에는 산 뻬드로 뗄모 정류장(Alto de San Pedro Telmo)라고도 불렀는데, 부두로 가는 소달구지들이 모두 여기에서 정차하여 사람들은 용변도 보고, 동물도 쉬게 했던, 말하자면 정류장의 역할을 했기 때문이었다.

이 마을에 산 뗄모라고 현재와 같은 이름이 주어진 것은 이 마을에 살던 사람들이 13세기의 스페인의 도미니크 파 수도사 뻬드로 곤살레스 뗄모를 동네의 수호성인으로 선택하면서였다. 그리고 이 지역에 살던 부자들이 레꼴레따 지역으로 빠져나가고, 19세기에 스페인과 이탈리아의 이민자들이 많이 들어오게 되면서 이 마을의 큰 집들이 쪽방(conventillo)으로 세를 놓는, 하류층이 사는 지역으로 변해버린다. 이 쪽방이라는 것은 한 방에 한 가족이 사는 셋방을 말한다.

첫 술집과 첫 카페

부에노스아이레스에 따베르나(Taberna) 혹은 뿔뻬리아(Pulperia)

라고 불리는 선술집이 처음 생긴 것은 1612년의 일이다. 프란 씨스코 페르난데스라는 사람이 처음으로 열었는데, 여기서는 포도주와 소주를 팔았다. 보통 선술집이 길 모퉁이에 있어 에스끼나(Esquina, 모퉁이라는 뜻)라고도 불렸다. 선술집 주인은 대부분이 외국인들이었고, 특히 제노아, 프랑스, 포르투갈 사람들이 은의 강 강둑을 따라서 선술집을 많이 열었다. 이 선술집에서는 술을 마시면서 주사위 놀이와 카드놀이를 하곤 했는데, 카드게임 중에서는 뜨르꼬(Truco)라는 것을 가장 많이 했다. 아르헨티나에서는 아직도 이 게임을 많이 한다.

18세기가 되면서 선술집은 하층민이 가는, 험악한 곳으로 변해가고 있었다. 그래서 18세기 말에 부에노스아이레스에 카페가 생겼다. 현재 산 마르띤 가와 페론 가가 만나는 모퉁이에 생긴 카페의 이름은 엘 카페 데 라 꼬메디아(El Café de la Comedia, 희극 카페)였다. 카페의 건물 주인은 거부 산체스 데 벨레스꼬였고, 카페를 연 사람은 프랑스 출신의 라이몬드 마이그나세라는 사람이었다. 그는 부잣집의 노예들에게 요리를 강의하던 사람이었다. 이 카페에는 당구장도 설치되어 있었고, 꼴리세오 극장과도 연결되어 있었다. 이 카페는 자유주의적 물결의 소산이긴 했어도, 당시의 민감한 정치문제 같은 주제는 카페에서 토론하지 않았다.

바로 이 당시 불던 자유주의적 바람 때문이었을까? 카페 건물주인 거부의 딸 마르끼따 산체스는 열네 살 때 아버지가 정해준 신랑감과의 결혼을 거부했었다. 당시 법으로는 23세가 되지 않으면 누구나 부모의 동의가 있어야 결혼을 할 수 있도록 되어있어 부모가 정혼한 자와 결혼을 거부하는 것 자체가 위법사항이었다.

마르끼따 산체스는 결국 몇 년 후 부왕까지 직접 나서서 중재해서 그녀가 사랑하는 영국출신으로 스페인 까디스에서 크게 사업을 하는 상인의 아들인 마르띤 톰손과 결혼을 하게 된다. 이런 대담한 당시의 사랑의 전설은 작가 페르난데스 모라띤이 쓴 「소녀들의 주체성 *El Sí de las Niñas*」이라는 대본의 소재가 되었고, 1805년 부에노스아이레스에서 공연되었다. 200년 전 부에노스아이레스에서 있었던 순애보였다.

기도의 도시 루한의 루한 성당

부에노스아이레스 주에는 라 쁠라따라는 시가 있다. 라 쁠라따라는 말은 은이라는 뜻도 되고 돈이라는 뜻도 된다. 이 도시는 교육도시로 유명하고, 그곳에는 아르헨티나의 유일한 자연사박물관이 있다. 공룡의 크기를 실제 눈으로 확인하고 싶을 때 가보는 곳이다.

부에노스아이레스에서 서쪽으로 65km 떨어진 곳에 루한(Lujan)이라는 인구 39,000명의 소도시가 있다. 일 년에 4백만 명의 관광객과 순례자들이 찾는 이 도시는 아르헨티나의 도시들 중에서 가장 중요한 '기도의 도시'라고 할 수 있다. 루한 시에 있는 바씰리까 누에스뜨라 쎄뇨라 데 루한 본당(루한 성녀 대성당)은 고딕 건축의 성당으로 106m 높이의 두개의 첨탑이 하늘을 찌를 듯이 서있다.

이 성당에 대한 전설은 1630년에 거슬러 올라간다. 마리아 성녀의 테라코타 상을 실은 소달구지가 진흙탕에 빠졌는데, 목동들이 나서서 그 상을 달구지에서 들어내어도, 달구지가 진흙땅에서 빠져나오지 못하자 그 주인이 이 곳이 성녀 마리아가 계셔야 할 곳이구나 하는 생각이 들어 그 지점에 예배당을 세우게 되었다. 그 후 원래 달구지가 빠졌던 지점에서 5km 떨어진 곳인 현재의 대본당 자리에 프랑스식 고딕 양식의 대본당이 건설되었다.

이 성당에는 브라질에서 만들어진 성녀 도자기 상이 있는데, 크기는 38cm이고 부서지는 것을 막기 위해 은을 입혔다. 의상은 흰색과 청색으로 되어 있다. 1880년대에 프랑스 출신의 라자로회 수사인 호르헤 살베르가 유럽에 가서 성녀상에 씌울 정교한 왕관을 주문해서 가져왔다. 그는 이 성녀상에 왕관을 씌운 일뿐만 아니라 현재와 같은 대본당을 짓는데 평생을 바쳤다.

이 루한 성당 대로의 왼쪽에, 즉 대본당의 바로 북쪽에 1797년 이 도시의 까빌도이자 1800년대에는 부왕의 저택이던 건물이 있는데, 현재 역사박물관으로 사용되고 있다. 이 부왕의 저택이 지어져 있었지만 부왕이 와서 살았던 적이나 숙박을 했던 적은 없다. 다만 부왕이었던 소브레몬때 후작이 이곳에 와서 단 몇 시간 머문 적이 있을 뿐이다. 현대의 부호들이 세계 곳곳에 저택을 소유하고 있으면서도 일 년에 며칠도 살지 않는 것처럼 부왕들도 곳곳에 저택을 가지고 있었던 것이다. 이 옛 까빌도 건물이 부에노스아이레스 출신의 건축가 마르띤 노엘스에 의해 복원되었다. 일요일과 부활절, 그리고 5월 8일 성녀의 날 무릎으로 기어서 성당에 들어가는 순례자들이 끊이지 않는 기도의 고장 루한에선 고딕식 교회본당 건물뿐만 아니라 스페인 식민시대의 건축물도 함께 볼 수 있는 가볼만한 곳이다.

띠그레(Tigre)와 델타 삼각지

부에노스아이레스 사람들의 생활에 아주 밀접한 휴양지를 들라고 한다면 부에노스아이레스에서 27㎞ 떨어진 외곽에 위치한 호랑이라는 뜻을 가진 띠그레 시와 그 주변의 델타 삼각지, 그리고 서울에서 부산 정도의 거리에 있는 마르 델 쁠라따(은의 바다)라는 도시일 것이다.

부에노스아이레스에서 기차를 타면 한 시간 반 걸려 도착하는 인구 4천 명의 이 소도시는 950㎢의 섬으로 이루어진 곳이다. 띠그레 강과 루한 강 그리고 리오 델 라 쁠라따 강이 모이는 곳에 형성된 삼각지가 그 곳에 있다. 원래 이 도시는 식민 시대부터 부에노스아이레스로 가는 석탄을 실어 나르는 항구로 조성된 곳이었다. 1865년 부에노스아이레스까지 가는 철도가 연결이 되었다. 그 후 부에노스아이레스 사람들의 여름 휴양지가 되었고, 유명한 요트 클럽이 생겨났다.

부에노스아이레스 승용차로 다섯 시간 정도 남쪽으로 내려가면 대서양 연안에 마르 델 쁠라따라는 도시가 있다. 도시 전체가 해안을 따라 건설된 여름 도시이다. 겨울에는 인구 30만의 항구도시지만, 여름에는 인구 100만의 휴양도시로 변한다. 도시의 조성이 계획적으로 이루어졌고, 부에노스아이레스에 사는 사람들의 여름 별장들이 대부분의 도시를 채우고 있다. 이 도시는 카지노로도 유명하다.

부에노스아이레스의 밤은 밝다

부에노스아이레스 사람들이 하는 조크에 이런 것이 있다. "많은 나라 대표들이 하느님을 찾아갔다. 왜 아르헨티나에게는 석유 자원도 풍부하고, 대지도 비옥해서 목축도 잘되고, 농작물도 풍부한, 모든 것이 골고루 갖추어진 땅을 주었으면서 우리들에게는 자원도 부족하고, 농작물도 생산이 잘 되지 않는 땅을 주셨느냐고 불평을 했다. 이에 하느님이 말씀하시길 그래서 그 땅에 아르헨티노를 주었지 않느냐"고 대답했다. 말하자면 비옥하고 풍부한 땅에 약간 게으르고 낙천적인 아르헨티나 사람을 살게 했으니 척박한 땅에 부지런한 사람을 살게 한 것과 평등하다는 것이 이 조크의 요지이다. 이 농담을 통해 아르헨티나 사람들은 스스로가 자신들은 낙천적이고 조금은 게으르다는 것을 말하는 것이다.

아르헨티나는 광활하고 비옥한 대지, 풍부한 지하자원을 가진, 잠재력이 무궁무진한 나라이다. 벌써 수십 년 전에 독자적인 핵 기술을 개발했고, 비행기를 만들 수 있는 기술과 지적 축적이 있는 나라이다. 잘 교육된 아르헨티나 사람들이 있기에 미래가 어둡지만은 않다.

425년 전에 첫 불을 밝힌 도시 부에노스아이레스. 425년 전에 그려진 도면 그대로 바둑판을 형성하면서 도시를 확장해온 끈질기고 일관된 면을 가졌기 때문에, 그 도시에 사는 인간들의 모습은 여전히 밝은 빛을 내는 뽀르떼뇨의 숨결이 되어 도시의 밤을 밝게 할 것이다.

부에노스아이레스 남미의 파리

초판발행 2004년 6월 30일 | 2쇄발행 2007년 9월 5일
지은이 고부안
펴낸이 심만수 | 펴낸곳 (주)살림출판사
출판등록 1989년 11월 1일 제9-210호

주소 413-756 경기도 파주시 교하읍 문발리 파주출판도시 522-2
전화번호 영업 · (031)955-1350   기획편집 · (031)955-1357
팩스 (031)955-1355
이메일 salleem@chol.com
홈페이지 http://www.sallimbooks.com

ISBN 89-522-0254-6 04080
     89-522-0096-9 04080 (세트)

값 3,300원